増補改訂版

身内が亡くなった時の手続きハンドブック

葬儀・法要

相続手続

年金・保険

相続税

監修
奥田周年
［税理士］

日本文芸社

はじめに

相続という言葉には、「ややこしい」「面倒」「争続＝もめごと」などとマイナスの印象をお持ちの方が多いと思います。

この「相続」は富裕層だけの問題ではなく、金額に関係なく誰にでも身近なところで発生します。誰もがはじめて経験することなので、周りの方の噂話や聞きかじりの知識で、不安を増大させてしまった、という話を耳にします。

司法統計によると令和３年の遺産分割調停事件の新受件数は１万３４４７件と高止まりの傾向にあります。

一方、相続税については、平成22年以降、平成30年・令和元年の税制改正で立て続けに「小規模宅地等の減額特例」が厳格化されました。また、令和５年の税制改正では「生前贈与加算の期間延長」、「相続時精算課税制度の見直し」など相続税と贈与税の一体化の流れがはっきり打ち出されました。

このため、実際に相続税の課税対象者は、国税庁の統計によると平成26年に亡くなった方（約１２７万人）のうち約４・４％だったのに対し、令和３年に亡くなった方（約１４４万人）

のうち9・3%と倍増しました。

首都圏近郊では約5割の方が持ち家といわれていますので、「持ち家のある会社員」が亡くなって、死亡保険金が下りたり死亡退職金をもらったりすると相続税の申告義務が発生してくる可能性が高くなります。相続税は、相続と同様に、もはや「お金持ちの方」だけでなく「他人ごと」と思っていた方も対象になってくる時代です。

誰もが、「少しでもさりげなく」「できるだけスムーズに」「このまま波風立たずに」相続を終わらせたいものです。

私は、税理士として多くの方々のご相談を受けて参りましたが、そのご家族の方々の考え方、置かれた立場、周りの環境などにより「相続」は千差万別で、ふたつとして同じものはありません。

本書では、「将来の相続に備えたい方」「すでに相続が発生し漠然とした不安をお持ちの方」が千差万別の悩みを整理するための礎として、遺産相続と相続税の流れをイメージできるように事例をもとに図解しました。

本書を眺めて頂くことで、遺産相続と相続税の全体的な流れをつかんで頂ければ幸いです。

税理士　**奥田周年**（ＯＡＧ税理士法人チーム相続）

親が亡くなったとき遺族がやるべきことは？

親が亡くなったその日から、遺族は悲しみをこらえる間もなくやらなくてはならないことが短期間に続きます。それぞれのシーンで感じる疑問をもとに遺族が何をすべきかを確認しましょう。

1 危篤への対応

入院先の病院から親の危篤が知らされる。

1 危篤の連絡

詳しくは▶P20

至急の場合には家族･親族までを優先しましょう。

2 家族での話し合い

詳しくは▶P23

誰が喪主になるか、お葬式の内容や遺体搬送先などを決めておきます。

3 葬儀社への事前相談

詳しくは▶P28

万が一のときに慌てないように事前に候補をしぼっておきます。

2 臨終への対応

病院で親が息を引き取る。

1 逝去の連絡

詳しくは▶P30

家族･親族のほかに友人や関係者に連絡します。

2 退院の手続き

詳しくは▶P32

退院の手続きの際に入院費用を精算します。

3 遺体搬送の手続き

詳しくは▶P36

葬儀社が決まっていれば担当者に連絡し、決まっていない場合は看護師に手配を依頼します。

3 お葬式の手配

葬儀社にお葬式の依頼をする。

1 葬儀社への依頼

詳しくは▶P34

遺体の安置後、担当者と打ち合わせをしてから依頼します。

2 宗教者への依頼

詳しくは▶P38

菩提寺がない場合、葬儀社に手配してもらうのも可能です。

3 葬儀内容の決定

詳しくは▶P42

費用の総額はその内容やオプションの有無で変わります。

---

4 お葬式の準備

お葬式の前に打ち合わせや準備をする。

1 お葬式前の最終確認

詳しくは▶P54

ほとんどの作業は葬儀社が行うので、遺族は弔事の依頼や弔電の名前の確認などを行います。

2 礼装の準備

詳しくは▶P55

女性は和装の黒無地染め抜き五つ紋付きか黒のスーツ、男性はブラックスーツが一般的です。

3 心づけの用意

詳しくは▶P56

運転手や火葬場職人（民営）に渡す心づけの用意を。

---

5 通夜

通夜を行う。

1 式中の遺族のふるまい

詳しくは▶P58

雑務は葬儀社と親族に任せ、喪主は動き回りません。

2 喪主のあいさつ

詳しくは▶P70

弔問へのお礼と通夜ぶるまいの案内を盛り込みます。

3 通夜ぶるまい

詳しくは▶P61

喪主は僧侶の臨席、遺族は末席に座ります。

6 葬儀・告別式

葬儀·告別式を行う。

1 葬儀・告別式での留意点 詳しくは▶P62

火葬炉の予約時間が決まっているので、時間内の進行を心がけましょう。

2 出棺のあいさつ 詳しくは▶P70

参列へのお礼、故人について、今後の支援を盛り込みます。

3 神式・キリスト教式のお葬式 詳しくは▶P64,66

独特な儀式が多いので神職や神父、牧師に指示を仰ぎましょう。

7 火葬・遺骨の安置

火葬場へ移動し、遺体を荼毘に付す。

1 火葬中の遺族のふるまい 詳しくは▶P72

「収骨」の案内があるまで控え室で待機します。

2 遺骨の持ち帰り 詳しくは▶P75

公共機関で移動する場合は持参した袋に入れるとよいでしょう。

3 遺骨の安置 詳しくは▶P78

遺骨は、後飾り祭壇もしくは小机に、遺影·位牌と安置します。

8 葬儀後の事務処理・あいさつ

葬儀後は引き継ぎや支払いを行い、関係者へのあいさつへ。

1 各所への支払い 詳しくは▶P88

宗教者へは当日、葬儀社へは請求書が届いたら支払います。

2 あいさつ回り 詳しくは▶P89

おもに宗教者や世話役、近隣の代表者などに伺います。

3 香典返し 詳しくは▶P90

香典返しは「半返し」が基本とされ、相当額の品物を送ります。

9 葬儀後の諸手続き

公的手続きや各種申請を行う。

1 公的手続き 詳しくは▶P84

国民年金の受給停止と世帯主変更は、死亡後14日以内です。

2 葬儀費用の給付 詳しくは▶P100

加入していた健康保険より「葬祭費」などの給付があります。

3 公的年金の遺族給付 詳しくは▶P104

加入している年金の種類や遺族の状況により給付が行われます。

10 法要

故人の冥福を祈り、法要を営む。

1 忌中と喪中 詳しくは▶P118

仏式の場合は四十九日までを忌中、一周忌までを喪中とするのが一般的です。

2 法要を行う時期 詳しくは▶P120

近年は省略されることもあります。遺族内で話し合いましょう。

3 法要を行う場所 詳しくは▶P121

四十九日など重要な法要は寺院や墓地の法要室で営みます。

11 埋葬・供養

お墓に遺骨を埋葬し本位牌と仏壇を用意する。

1 お墓の建立 詳しくは▶P128

墓地を決めて永代使用権を取得し、その後石材店に相談します。

2 改葬 詳しくは▶P140

関係者の理解を得、僧侶を説得することが必要不可欠です。

3 本位牌と仏壇 詳しくは▶P144

本位牌は忌明けの四十九日まで、仏壇は四十九日や一周忌など節目となる法要に合わせて用意するケースが多いです。

12 遺産相続

遺産相続のための準備を行う。

1 相続人の確定・財産の調査 詳しくは▶P154, 160

最初に行うのは相続人の確定。その後で財産を調査して「財産目録」を作ります。

2 相続人の範囲 詳しくは▶P154

相続権があるかどうかは、法定相続人の範囲を調べれば、その有無がわかります。

3 相続の承認と放棄 詳しくは▶P162

相続を承認するか、放棄するかを相続人が選択することができます。ただし3ヵ月以内に決めなくてはなりません。

13 遺産分割協議

遺言がない場合、遺産分割の協議を行う。

1 遺言書の検認手続き 詳しくは▶P170

遺言書が見つかったら、すみやかに家庭裁判所で遺言書の「検認」の手続きを行います。

2 遺産分割協議 詳しくは▶P178

遺言がない場合は法定相続分、あるいは遺産分割協議で相続人同士が話し合って決めます。

3 遺産分割協議書の作成 詳しくは▶P190

遺産分割協議が終わったら、後日のトラブルを避けるために書面で残しておきます。

4 遺産分割の調停・審判 詳しくは▶P194

家庭裁判所に申し立て、「調停」を行います。それでも不成立の場合は、法に基づき分割する「審判」へと進みます。

14 相続登記

相続した財産の名義変更を行う。

1 相続財産の登記

詳しくは▶P196

不動産の手続きは登記所、預貯金は各金融機関、株式や有価証券は各証券会社で名義変更の手続きを行います。

2 相続人以外の相続登記

詳しくは▶P198

遺贈を受けた場合、遺贈を受ける人が登記権利者となり、遺言執行者が登記義務者となって共同で登記を行います。

15 相続税の申告と納付

相続税がかかるかどうか計算して申告と納付を行う。

1 財産の分類

詳しくは▶P206

相続税の計算をするには、まず財産を課税財産と非課税財産に分類し整理します。

2 財産の分類と評価

詳しくは▶P232

分類した課税財産に関して相続開始日の時価で評価します。

3 相続税の計算

詳しくは▶P218

財産の評価額を元に相続税の計算を行い、最終的に控除額を差し引いて納税額を算出します。

4 相続税の申告

詳しくは▶P224

相続税計算後に、相続税がかからないことが確実な場合は申告の必要はありません。

5 相続税の納付

詳しくは▶P228

納付は期限までに行います。納付が遅れると、税務署の独自調査により相続税額が決められ、さらに「無申告課税」が課せられて税額が多くなります。

16 空き家を相続した場合の対応方法

空き家を相続した場合は、引き継ぎあるいは処分をする。

1 空き家・空き地バンクへの登録

詳しくは▶P251

空き家・空き地バンクに登録すると、空き地や空き家の売却または賃貸がスムーズに行えます。

2 空き地の有効活用

詳しくは▶P253

空き地の立地によっては、駐車場やトランクルーム、太陽光発電などさまざまに有効活用できます。

3 寄付や国庫帰属の検討

詳しくは▶P254

空き家を処分する方法には、地方自治体に寄付したり、国の財産として帰属するという方法も選べます。

4 固定資産税の確認

詳しくは▶P255

空き家にかかる固定資産税を確認しておきましょう。空き家の状態によって税負担の金額は変わります。

Contents

Contents

第3章　葬儀後の事務処理・あいさつ・諸手続き

第4章 法要・埋葬・日々の供養

第5章 円滑な遺産相続

第6章 相続税の申告と納付

第7章 空き家を相続した場合の対応方法

［おことわり］
本書の税制に関する掲載内容については、2023年4月1日現在の税法にもとづきます。

第1章

危篤と臨終

親の危《き》篤《とく》への対応

◆病院で危篤を告知されたら

入院先で医師から危篤の告知を受けた場合、まず家族や親族への連絡をします。電話で行うのがもっとも確実です。近親者で会わせたい人がいる場合は、意識があるうちに会えるように優先して連絡しましょう。連絡する相手が多い場合は、手分けしてできればよいでしょう。一方、大勢に連絡をすると対応に追われ、負担になることもあるので、近親者以外への連絡は、最小限にとどめましょう。

危篤連絡の範囲

各家庭の事情にもよりますが、親族の場合は、三親等までは知らせるのが一般的です。

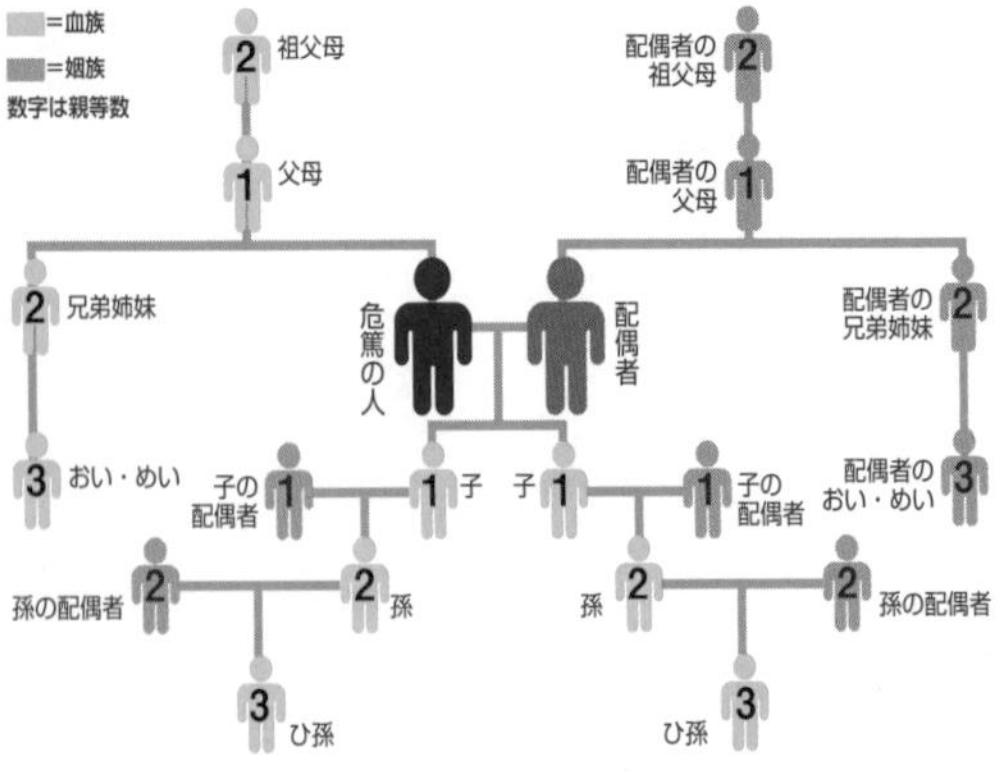

◆自宅で危篤を迎えた場合など

自宅で亡くなる人は近年少なくなっていますが、自宅で危篤になった場合は、主治医や救急病院に連絡をします。すでに体が冷たくなっている場合も、その場から動かさず、医師や警察の到着を待ちます。

遠方や外出先で危篤の連絡が入った場合は、可能な限り急いで駆けつけます。なるべく家族を連れて行けるとよいでしょう。いくつかの状況を想定して対応を考えておきましょう。

なお、キリスト教では、臨終の際に特別な儀式を行うため、危篤の時点で教会に連絡を入れておきます。

危篤連絡の心得と連絡事項

危篤の連絡なので、早朝や深夜でもかまいません。短く失礼を詫びた後、以下の用件を伝えます。事前に、知らせたい友人、会社関係者などがいれば連絡先を作っておくとよいでしょう。

1 自分の名前と親の続柄

誰からの連絡かわかるように、はっきりと伝える。

2 親の状態

危篤状態にあること、病名、現在の状況を簡潔に。

3 場所の説明

病院名と部屋番号、相手が遠方の場合は交通手段と連絡先など。

臨終に備える

◆臨終に備えて用意するもの

病院で亡くなった場合、看護師が浴衣に着替えさせることが多いので、事前に家族が浴衣を用意します。のちの納棺の際に、浴衣で棺に納めるか、故人の愛用の衣服に着替えさせるかは、家族の意向に沿う形になります。

退院する際には、入院費用のほかに、遺体搬送のための寝台車料金、運転手への心づけなどの出費が見込まれるため、あらかじめ現金を用意しておきましょう。

◆臨終の前に連絡しておくところ

深く信仰している宗教がある場合は、病状悪化の時点で宗教者に連絡を取ったほうがよいでしょう。キリスト教は、危篤の際には特有の儀式があり、意識があるうちに執り行うことが大切ですので病状が悪化した場合は、所属する教会に連絡を。

葬儀社が決まっている場合は事前に連絡しておけば、臨終後の連絡がスムーズにいき、今後の行動の手順などをアドバイスしてくれます。

◆事前に家族で考えること

臨終後は気持ちが揺れ動き、時間的にも弔問の対応に追われることが多くなります。そのため葬儀の内容について、じっくり検討することは難しくなります。

昔は「亡くなる前に葬儀のことを考えるのは縁起が悪い」といわれていました。しかし近年は「納得できるお葬式のためには準備が必要」と考え、「最初はどこに遺体を運ぶか」「どういった葬儀にするか」「予算はどの程度か」を家族内でまとめて葬儀社に相談することも珍しくありません。準備不足のままお葬式を迎えることになると、葬儀社ペースで物事を決められてしまいます。

臨終に備えた現金の用意

臨終直後は現金での支払いが多くなります。入院費以外に、トータルでどのくらいかかるかを想定しておきましょう。

[入院費以外で必要となる費用]

- 医療関係者へのお礼（菓子類など。受け取らない場合もある。⇨P32）
- 遺体の搬送代（搬送のみを依頼する場合）
- 寝台車の運転手への心づけ
- 駆けつけた人への飲食代

Tips 故人名義の預貯金の引き出しの注意点

金融機関は名義人の死亡を確認した時点で口座を遺産として凍結してしまうため、家族でも引き出すことができなくなります。凍結される前に現金を引き出したほうがよいという人もいますが、のちに相続人の間でもめごとになる可能性もあるため、細心の注意が必要です（⇨P116）。

事前に決めておきたい7つのポイント

① 喪 主

喪主は葬儀の主催者で、一般的には故人の配偶者か子どもが務めます。葬儀だけではなく、その後の法要も喪主となった人が主催することが多いので、よく話し合ってから決めましょう。喪主が高齢や未成年の場合は、葬儀の運営の責任や金銭的な負担をする「施主《せしゅ》」を別に立てることもあります。

② 宗教・宗派の確認

菩提寺（⇨P39）がなく、無宗教でやりたいという要望もなければ、特定の宗教宗派の形式でお葬式を執り行うことも可能。葬儀社に僧侶を紹介してもらうこともできます。

- ■ 仏式……………… おもな宗派に浄土真宗、真言宗、曹洞宗、浄土宗など。
- ■ 神式……………… 信仰の対象となる祭神が無数にあるため、氏子になっている神社か、現在住んでいる地域で縁のある神社に依頼する。
- ■ キリスト教式…… 危篤の際の祈りやお葬式は所属している教会にお願いする。おもにカトリックとプロテスタントに分かれる。

③ 形 式

菩提寺がある場合は仏式の葬儀になりますが、菩提寺がない場合は、ある程度自由に形式を決めることができます（⇨ P26）。

④ 予 算

日本のお葬式の費用は海外に比べて高めという結果が出ています。全国平均にすると約160万円にもなります。親のために立派なお葬式をあげたいという気持ちも大事ですが、許容される範囲内で予算を決めておくことも必要です。

⑤ 規 模

会葬者が多く見込まれる場合は、式場の規模も大きくなり、祭壇や設営費用も高くなります。あまりに狭い会場では会葬者や周辺に迷惑をかけることもあるので、適切な規模を考える必要があります。

⑥ 搬送先の決定

搬送先が自宅の場合は、お葬式の依頼の際に葬儀社に伝えます。搬送先が自宅であれば、遺族が見守る中で納棺できます。火葬場併設の冷蔵保管室や民間の遺体保管施設などを利用する場合は保管料がかかるのと、対面が自由にならない場合があります。

⑦ 式場選び

自宅以外の式場として、火葬場併設の総合斎場、自治体が運営する公的施設、寺院などの貸し式場、葬儀社経営の斎場などがあります。

[式場ごとの特徴]

- 斎場・総合斎場…斎場は葬儀専用の式場。最近は火葬場を併設する総合斎場が増えてきている。地方では公営の斎場が多いが、都市部では民営の総合斎場が主流になりつつある。東京都内では、行政区ごとにお葬式ができる施設があり、利用率が高い。
- 自宅……………自宅の場合は、近親者で済ませるお葬式が圧倒的に多い。看板や忌中札などは出さず、弔いの雰囲気は周囲にあらわさない。
- 宗教施設…………寺院が経営する貸し式場の多くは、宗派を問わず利用可。神道は自宅や斎場、キリスト教はおもに所属する教会で行う。

さまざまなお葬式のスタイル

◆近年のお葬式の傾向

従来の大規模葬は減少傾向にあり、伝統的な形式にこだわらないお葬式、または規模を縮小して行うお葬式が増えてきました。決まりごとに縛られない自由葬や、近親者や親しい友人などで行う家族葬がそうです。

同様に新しいスタイルのお葬式を扱う葬儀社も増えてきましたが、葬儀社によって名称の認識や施行の経験に差があるので、主旨を伝え、すれ違いがないように内容を話し合うことが重要です。

自由葬・無宗教葬

「自由葬（オリジナル葬）」は、故人とゆかりのある場所を式場に選んだり、故人の趣味を反映させたプログラムを組み込んだりするなど、故人らしさを演出できます。「無宗教葬」は、自由葬の中で特定の宗教宗派によらないお葬式を指します。

Tips お別れ会・偲ぶ会を催す

お別れ会は告別式を独立させたようなもので、友人、知人、関係者などを招いて催し、無宗教で行うことがほとんどです。偲ぶ会は、一周忌や祥月命日に合わせて、友人や関係者が実行委員となって企画。時間の制約がなく、自由な形式や場所で行えるのが魅力です。

家族葬・密葬

近年、遺族や親族、とくに親しい友人など、限られた人数で執り行うお葬式を「家族葬」と呼ぶようになっています。僧侶を招いて読経だけを依頼する場合もあれば、無宗教で行う場合もあります。2020年前後に流行した感染症の影響から、少人数で行う家族葬は広く定着しつつあります。

「密葬」は、火葬後に日をあらためて遺骨で「本葬」を執り行うのを前提に、遺族のみで内々に弔うものです。よって、1回で済ませるお葬式は、本来は密葬とはいいません。現在は小規模のお葬式を指して密葬と呼ぶケースが多くなっているため、家族葬との区別があいまいになっています。

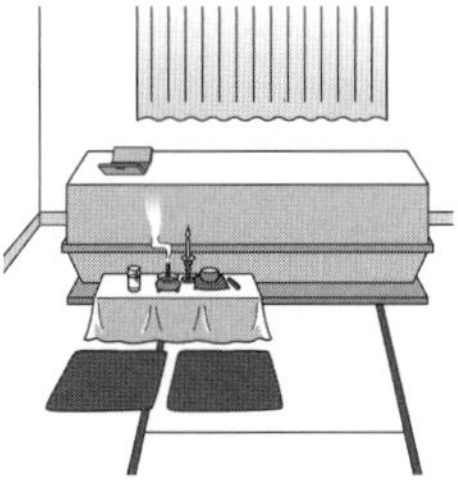

直葬

通夜や葬儀など儀礼的なものを省略して火葬だけを行うことです。死後24時間は法律によって火葬できないので、遺体を自宅外（火葬場の冷蔵保管室や民間の遺体保管施設など）に安置してから翌日火葬します。近年、とくに都市部では、費用の面から直葬を希望するケースが増えています。

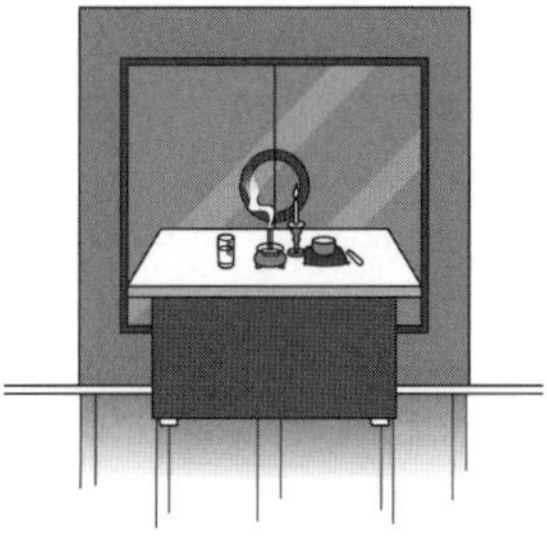

儀礼的なものを行わないということをよく考え、のちに後悔しないように家族内で話し合いましょう。

葬儀社への事前相談

◆葬儀社に相談し知識を得る

時間に余裕があれば、生存中にお葬式の内容や費用について葬儀社や専門家に相談しましょう。具体的な情報を得るためにも、直接訪れることが大切です。葬儀社のスタッフに直接会うことで会社との相性を探ることができます。またお葬式の流れを知ることができ、費用の目安がわかることが挙げられます。予算や内容についてもじっくり比較検討できるので、不要な品目や過剰なサービスを省くことができます。

Tips 葬儀社をチェックするポイント

葬儀社選びは、悔いのないお葬式の第一歩。希望する葬儀の形を提示しながら、適した葬儀社を探しましょう。

- ●スタッフの対応がよく、ていねいに説明してくれるか？
- ●不自然な値引きやしつこい会員への勧誘はないか？
- ●費用の説明の際に追加になりそうな部分をしっかり説明してくれるか？
- ●自前の店舗や事務所があり、所在地と電話番号（固定電話）が明記されているか？

◆葬儀内容の検討と見積もり依頼

事前相談でよさそうな葬儀社が見つかったら、見積もりを依頼しましょう。そのためには葬儀内容をある程度決めておく必要があります。後で変更することも可能なので、事前に話し合った内容（⇩P23～25）をもとに、葬儀社にお葬式の希望を伝えましょう。

この時点では見積もりは仮のものですし、実際のお葬式では会葬者の人数によって費用が変動しますが、これでどの程度の費用を用意すればよいかがわかります。可能であれば葬儀社をいくつか訪ね、同じ内容で見積書を依頼すれば、比較できて各社の特徴や相場がわかるでしょう。

葬儀を扱う業者の種類

専門葬儀社	小規模の業者から、チェーン展開している大企業まであり、選択肢も多いがサービスの質にも幅がある。
互助会	会員になって毎月かけ金を納めて一定期間で完納すると、葬儀代金から差し引いて精算する。かけ金だけで葬儀が出せるわけではないので、契約前に内容について入念に確認を。
自治体系	福祉サービスの一環として安価な葬儀サービスを行っている。サービスは各自治体によって異なる。
組合系	農業協同組合、生活協同組合など。組合員が対象で、料金が明確。直営、提携、斡旋など各組合によって形態が異なる。
大手スーパーチェーン系	セット料金が主流で、明確でリーズナブル。施行は提携する葬儀社が行う。

親の最期を看取る

◆臨終に立ち会う

医師による死亡判定が下されたら、その場にいる人で故人の唇を湿らせ、末期《まつご》の水を取ります。たいていは、その後に家族だけで過ごせる時間があります。心を落ち着かせ、故人との別れの時間を過ごします。

しばらくすると看護師が清拭《せいしき》や衛生処置などを行うので、遺族と関係者は病室を出ることが多いようです。すぐに駆けつけて欲しい人がいる場合は、このときに連絡してもよいでしょう。

処置が済んだら、あらかじめ用意しておいた衣類に着替えさせ、死化粧を施します。すべての処置が終わると、遺体は霊安室に運ばれ、遺族は臨終後の手続きや搬送の手配に取りかかります。

末期の水

故人が死後の世界で渇きに苦しまないよう願いを込めて行う儀礼。水を含ませた脱脂綿などで、故人の唇を湿らせます。

◆自宅で急に亡くなった場合

自宅で亡くなった場合は、ただちにかかりつけの医師を呼んで、死亡確認と「死亡診断書」の作成をお願いします。法律により、医師が来るまでは家族といえども遺体を動かしてはいけません。かかりつけの医師がいない場合、警察に連絡するか、救急病院に搬送します。

変死の疑いがある場合は、警察による検視が行われます。状況によっては行政解剖や司法解剖を行うこともあり、この場合は医師から「死体検案書」が出されます。表題はちがっていますが、内容は死亡診断書と同じです。

臨終後の処置

死化粧

亡くなると肌の色が変化するため、エンゼルメイクという薄化粧を施し生前の顔に近づけるようにします。男性なら髭を剃り全体の身なりを整え、女性の場合は髪をとかして唇に紅を入れます。

遺族は化粧のお手伝いをすることで「見送る手伝いができてよかった」と思う方が多く、遺族の心のケアとしても注目されています。

清拭

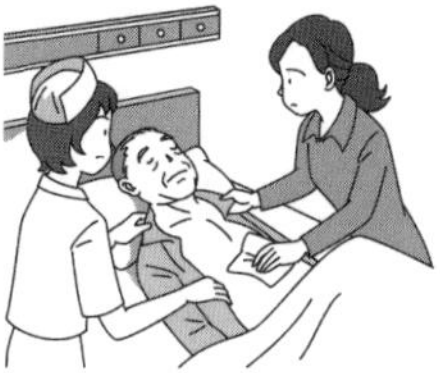

遺体をアルコールで消毒してきれいにします。浴衣や着せてあげたいと思う衣服を用意していた場合は、事前に看護師に伝えましょう。着替えはたいてい看護師が行い、このときに口や鼻、耳に脱脂綿を詰めます。

臨終後の諸手続き

◆退院の手続きを行う

遺体の安置後は、病室の片づけをして退院の準備をします。医師や看護師はもちろん、入院中にお世話になった人にもあいさつします。お礼をする場合は、後日菓子折りなどを届けるとよいでしょう。

入院費用は一般的に退院手続きをしたときに現金で支払います。業務時間外で手続きできない場合は、後日支払いに行きます。

◆死亡診断書と死亡届

「死亡診断書」と「死亡届」は1枚の書類になっています。死亡診断書の部分は死亡判定を行った医師が記入、遺族は書類の左側の死亡届の部分に必要事項を記入し、提出します。提出先は届出人の所在地、故人の本籍地、死亡した場所のいずれかの役場の戸籍係で、24時間態勢で受け付けています。

さらに「死亡届」に必要事項を記入して提出すると「死体火葬許可証」が交付されます。これは火葬もしくは埋葬の際に必要となります。紛失を避けるために、通常は葬儀社の担当者が預かります。

死亡届を提出する

死亡届は公的書類なので、記入は慎重に行い、記入もれがないかどうか確認しましょう。のちに死亡保険金の請求や相続の手続きで死亡診断書のコピーが必要になることも想定して、何枚かコピーをとっておいてもよいでしょう。

死亡届は、死亡を知った日から７日以内に提出します。提出の際は、届出人の印鑑が必要になります。役場への提出は、葬儀社の担当者が代行するケースが多くなっています。

注意する覧は、「死亡したとき」の項目。遺族が記入する死亡日時と、医師が死亡診断書に記入した死亡日時が一致していなければいけないので、よく確認してから記入します。

死亡届の見本

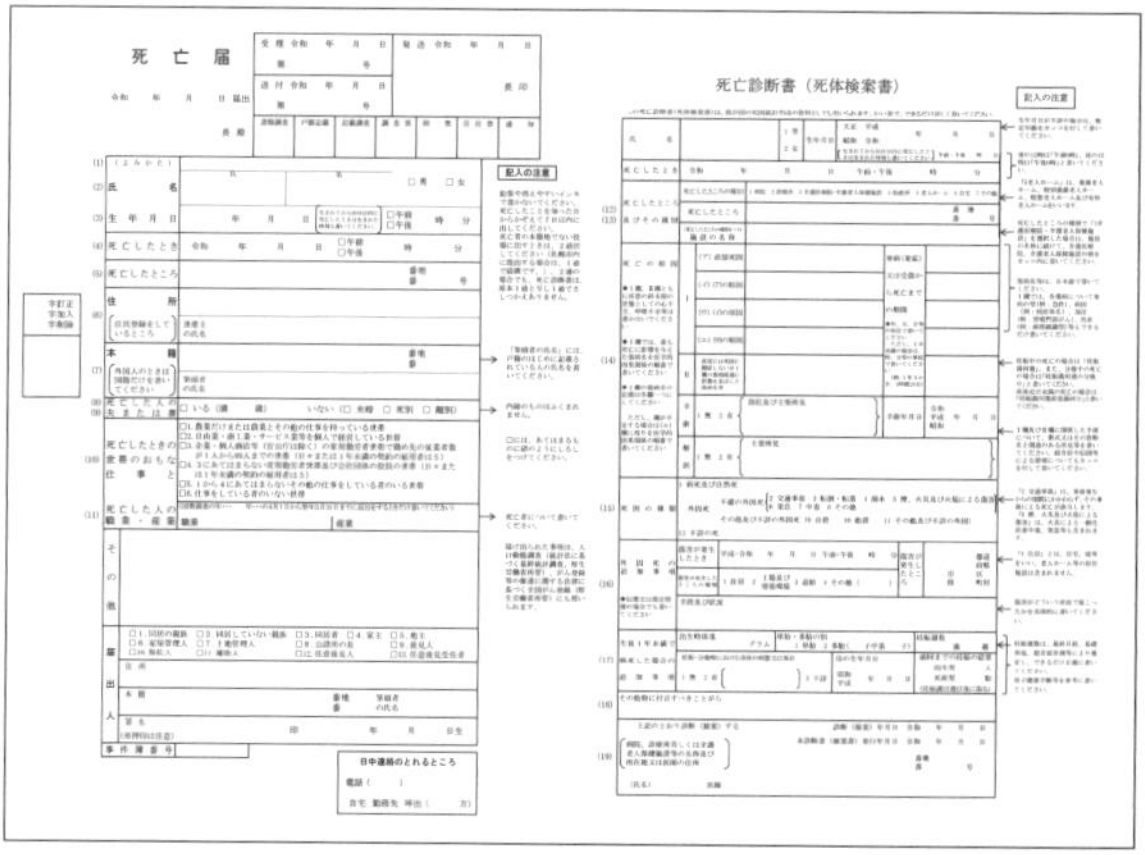
死亡届
記入の注意
日中連絡のとれるところ
死亡診断書（死体検案書）
記入の注意

右ページは医師が記入する

葬儀社への依頼

◆葬儀社に連絡する

　事前相談の段階で候補にしていた葬儀社があれば、現在の状況を話して相談してみましょう。すでに葬儀社を決めている場合は、担当者を呼んで搬送先について相談します。

　葬儀社を決めていない場合は、看護師に依頼すれば、病院に出入りしている葬儀社に遺体の搬送を要請してくれます。自宅に着いてから検討し、別の葬儀社にお葬式の施行を依頼することも可能です。

葬儀社と相談するタイミング

　一般的に、葬儀社との打ち合わせはお葬式までに数回行います。搬送後の打ち合わせでお葬式の内容はほぼ決定しますので、それまでに家族内で7つのポイント（⇨ P24 ～ 25）の確認を。

打ち合わせの一般的な流れ

1回目　臨終後に葬儀社へ連絡。担当者を呼んで今後の流れを相談し、搬送を行う。

2回目　遺体の搬送後、落ち着いてから行う。このときにお葬式の内容を決定する。

3回目　納棺後に打ち合わせの時間を設けて、もれがないように全体の確認を行う。

臨終後の葬儀社探し

葬儀社を決めていない場合は、限られた時間の中で葬儀社を選ばなくてはなりません。後悔のないお葬式のためにも時間の許す範囲で数社に相談し、比較検討して決めましょう。

① 葬儀社の候補を挙げる

インターネットや電話帳を利用して、地元の葬儀社の中から候補をピックアップする。ただし、ホームページを過度に信用せず、実際担当者に会って詳しく聞くこと。

② 葬儀社への相談

葬儀社に連絡し、担当者とオンライン、または直接会って相談する。よいと思った葬儀社には、同じ条件で見積もりを依頼する。わからないことがあればその場で聞き、不親切な態度が見受けられるようであれば候補から外す。

時間に制約があるのをいいことに、希望しない施行プランを押し付けたり強引にグレードアップを勧めたりする葬儀社はＮＧ。ときには、はっきりと断る勇気も必要。

③ 比較検討

見積書が要望どおりになっているかを確認し、比較検討する。費用の総額の目安を聞いておくと安心。

④ 葬儀社決定

葬儀社を決定したら、正式に葬儀の依頼をする。ただちに自宅に来てもらい、本格的な打ち合わせに入る。その際、遺体保管用のドライアイスも手配しておく。

遺体の搬送と安置

◆自宅に搬送する場合

遺体を自宅に連れて帰ったら、遺体を安置して枕飾りを置き、弔問客が焼香をできるように準備をします。自宅に安置すれば、後日遺族が見守る中で納棺することもできます。

自宅でお葬式を行う場合は近隣に迷惑をかけないという配慮から、友人や関係者に会葬を辞退する意向を伝え、忌《き》中札《ちゅうふだ》などを玄関には貼らず、隣人にも知らせないケースが増えています。

◆葬儀社の施設・斎場に搬送する場合

葬儀社が決まっている場合は、葬儀社の施設や斎場に遺体を直接搬送することもできます。これらの施設には、霊安室や保管冷蔵庫などの設備が整っています。

とくに通夜までに日数がある場合は、安心して遺体を安置するためにも、遺体保管冷蔵庫を使用する必要があります。1日あたりの保管料がかかり、一度安置するとお葬式までの間、自由に対面や焼香などが難しくなることを留意しておきましょう。

自宅安置の仕方と枕飾り

枕飾りは遺体のかたわらに置く祭壇で、弔問客が来たときはここで焼香してもらいます。宗教や地域により飾り方はさまざまです。たいていは葬儀社に依頼して設置してもらいます。

仏式の安置の作法・枕飾り

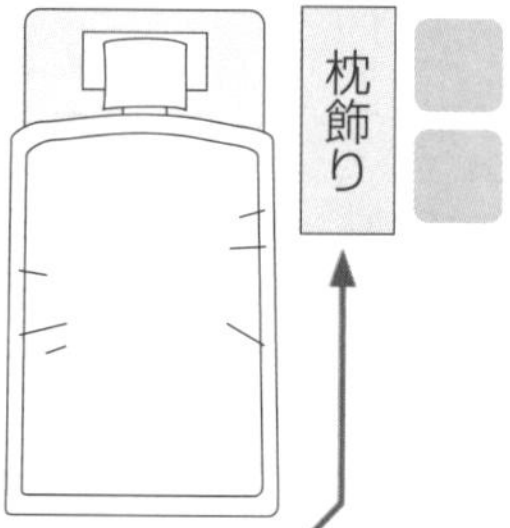

仏式の安置 シーツをかけた布団の上に遺体を安置し、かけ布団をかけます。遺体は北枕か西向きに安置するといわれていますが、近年は住宅事情もあるので別段こだわる必要はありません。遺体の腐敗が進まないようにドライアイスを用意し、部屋の空調に気を配りましょう。

枕飾り 白木の机や白い布をかけた台の中央に香炉、遺体に向かって右側に燭台、左側に花立てを設置します。お供え物の枕飯には、故人愛用の茶碗にご飯を山盛りにして箸を立てた一膳飯や団子を用意。

神式

遺体は、頭を北か部屋の上座に向け、顔に白い布をかけます。枕飾りには、白木八足の案（小机）に常饌《じょうせん》（日常の食べ物）、生饌《せいせん》（洗米、塩、水、酒など）を供え、榊、灯明（ロウソク）を置きます。

キリスト教式

遺体安置の宗教的な決まりはありません。一般的な枕飾りは、テーブルに白布をかけ、生花、燭台、聖書などを置きます。さらに、カトリックは聖歌集、プロテスタントなら賛美歌集を置くことも。

宗教者への依頼

◆お葬式の依頼をする

仏式 菩提寺に出向いてお葬式と仏名（戒《かい》名《みょう》）の依頼をします。電話で連絡する場合は、失礼を詫びてから用件に入ります。通夜・葬儀の日時は、僧侶の都合を先に伺うのが礼儀ですが、火葬場や式場の空き状況の兼ね合いなどであたりをつけて依頼するケースが多くなっています。また、初七日《しょなのか》法要についても、葬儀・告別式の式中または火葬後にくり上げるか、あるいはくり上げずに7日目に行うかを相談して決めましょう。

神式 神式は神職《しんしょく》に依頼します。氏子《うじこ》となっている神社があればそこへ、なければ故人の現住所がある地域の神社に依頼。臨終後は亡くなったことを神へ伝える帰《き》幽奉《ゆうほう》告《こく》が必要となります。

キリスト教式 神父または牧師に依頼します。カトリックは神父、プロテスタントは牧師に依頼する。危篤、あるいは臨終に立ち会う必要があるので、早めに所属している教会に連絡する必要があります。

菩提寺と檀家《だんか》の関係

菩提寺と檀家制度

菩提寺（檀那寺《だんなでら》）とは、祖先の遺骨を葬り菩提を弔う寺院のこと。檀家は菩提寺に所属する家のことで、お布施を渡して、葬祭儀礼を依頼します。

昔は檀家制度があったため、必ずどこかの檀家にならなくてはなりませんでしたが、今日は檀家になるかどうか選択できる時代になっています。檀家になれば、寺院の墓地に遺骨を納めることができ、供養が行き届きます。また寺院の宗教行事などにも参加できますが、強制ではありません。

菩提寺がない場合は

菩提寺がない、または遠方にある場合は、葬儀社からフリーランスの僧侶を紹介してもらい、読経だけを行ってもらうこともできます。このような僧侶は、お布施の金額が明確でリーズナブルな傾向がありますが、檀家ではないため、後々の供養まで見てもらえるかどうか、葬儀社とよく相談したほうがよいでしょう。

Tips 宗教者に確認しておきたいこと

お葬式の日程以外にも確認しておきたいことがあります。

宗教施設以外でお葬式を行う場合

●当日は何人で来場するか？→人数によりお布施の額が変わる

●送迎の手配が必要か？→手配しない場合は「お車代」を用意

仏式の場合

●通夜で説法はあるか？→法話は省略する場合が多い

●通夜ぶるまい、精進落としに参加してもらえるか？
→参加しない場合は「お膳料」を用意

●くり上げ初七日法要はいつ行うか？→お葬式中か火葬後

仏名を授かる

仏名とは仏の弟子としての名前で、亡くなった際に菩提寺から授かります。一般的には「戒名《かいみょう》」と呼ばれますが、宗派によって名称が変わります。仏名は、菩提寺の僧侶にお葬式と一緒に授与を依頼。僧侶は通夜の前に仏名を授けてくれますので、仏名の書かれた白木の位牌を祭壇に安置します。

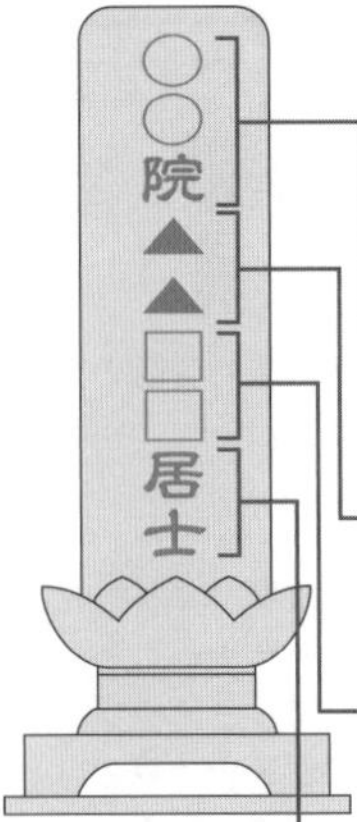

仏名の仕組み

仏名にはランクがあり、社会的地位や菩提寺への貢献度によって決まります。お布施の額も異なるので、僧侶と相談してみましょう。

院号《いんごう》・院殿号《いんでんごう》……最上の尊称。信仰が厚く、社会的な貢献度が高い人につく。

道号《どうごう》……元は僧侶につける尊称であった、故人の雅号や別名などが用いられる。

法号《ほうごう》……故人の俗名（本名）から1文字、生前の人柄を偲ばせる文字を使用。

位号《いごう》……性別や年齢、仏教徒としての位を示す。「居士《こじ》」は男性の位号。

※宗派により、仏名の構成、使用される文字が異なる。

神式　仏式の仏名にあたる「霊号《れいごう》」で、仏式の位牌にあたる「霊璽《れいじ》」に書き入れます。霊号は氏名をもとにし「○○命」などとなる。

キリスト教式　カトリックでは洗礼を受けたときに、聖人の名や聖書の語句から取ったクリスチャン・ネームが授けられ、墓石にもその名前が刻まれる。

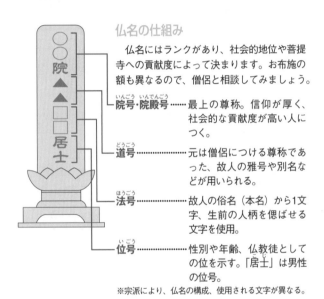

お布施を渡す

僧侶へのお礼「お布施」には、通夜と葬儀の読経のお勤め、仏名の授与、初七日法要の3点が一括して含まれています。お布施は感謝の意をあらわし、今後の供養も依頼する気持ちを込めて包むものとされ、明確な料金設定がありません。ただ、菩提寺の場合、僧侶の一存で大まかな金額が決まっている場合がほとんどなので、僧侶に金額を直接たずねるか、菩提寺をよく知っている人に相談してみましょう。菩提寺の僧侶ではない場合、紹介してもらった葬儀社に相談します。

渡すタイミングは、菩提寺の場合は葬儀が終了してから改めてお礼に伺ったときが正式ですが、近年は通夜の読経の後に渡すケースが増えています。お布施などのお礼は相続財産から控除されるので、領収書（受領証）を出してもらえるよう、お願いしてみましょう。

お布施の相場

信士(信女)	30万円前後
院号＋居士(大姉)	50万円前後
院殿号＋大居士(清大姉)	80万円～

※寺院の格式、僧侶の位や人数、地域によっても異なる。

お布施の表書き

僧侶へのお布施は、「御布施《おふせ》」と表書きした白封筒に入れて（または奉書紙で包んで）渡す。

神式

白封筒に「御祭祀料《おさいしりょう》」や「御礼《おんれい》」の表書き。神式では神職のほかに同行者がいるので、その人数によって金額が異なる。

キリスト教式

教会へは白封筒に「献金」の表書き。神父（牧師）、演奏者や聖歌隊に直接渡す場合は「御礼」とする。

葬儀内容を決める

◆葬儀社との打ち合わせ

遺体の安置後、葬儀社と2度目の打ち合わせを行い、葬儀内容を詰めていきます。

葬儀社が式場と火葬場に問い合わせ、日時のあたりをつけます。遺族は宗教者に連絡して問題がなければ、次に内容を話し合います。遺族の要望があれば伝え、予算内でよりよいプランを選択していきます。葬儀内容を詰めたら、すぐに見積書を作成してもらい、予算・内容が合っているかを確認します。

◆葬儀社との話し合いでの注意点

葬儀社とのトラブルで多いのは、葬儀内容とその請求額です。後で問題を追及しても手遅れなので、打ち合わせの段階で不明点を解消し、お葬式に臨みたいものです。

とはいえ、大切な人を亡くした精神的な問題や体力の消耗、時間不足の焦りから冷静に判断できないこともあるので、打ち合わせは複数人で立ち会い、行いましょう。お布施や追加・変動費用を除いた見積もりを用意してもらうことをお勧めします。

◆内容と見積もりの検討・確認

葬儀社の施行プランはたいていセット料金で設定されています。セットに含まれる品目には各社独自の考えがあり、各費用の呼び名やセット名もさまざまです。火葬料金が含まれる場合もあれば、棺が除かれている場合もあるため、セット料金で葬儀社を比較することは難しいのが現状です。

希望する施行プランの見積もりを取ったらセットに何が含まれるかを確認します。変動する費用、追加が予想される品目もあるので、見積もりを精査し、不明点は担当者に説明を受けましょう。

お葬式にかかる費用の目安

葬儀社に支払う料金に、お布施やお車代など宗教者への支払いを足した金額が葬儀費用の総額となります。当然費用には地域や規模などに差があるため、50 万円以下〜 300 万円超えとなっており、平均すると全国平均約 160 万円という結果となっています（「第 12 回 葬儀に関するアンケート調査報告書」（日本消費者協会刊 2022 年 3 月）。

葬儀社への支払い		宗教者への支払い		
セット料金 ＋ オプション料金 ＋ 実費・立替金	＋	お布施 ＋ お車代 ＋ お膳料	＝	実際にかかった葬儀費用

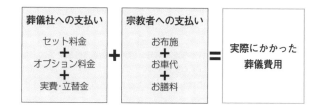

見積書の見方

葬儀費用の明瞭化が強く要望されている近年は、一般の人にもわかりやすい見積書を作成し、担当者がていねいに説明する葬儀社も多くなってきました。しかし葬儀社によって書式や項目名などの表示が異なるため比較検討が難しいようです。事前にお葬式にまつわる費用について理解を深めておきましょう。

見積書の例（都内の民営の総合斎場で葬儀・火葬を行う場合）

御見積書

様

令和○○年　○月　○日

故　　　　様の葬儀費用として、
下記の通り、お見積り申し上げます。

日文メモリアルサービス
東京都○○区○○1-2-3
TEL : 03-1234-5678
FAX : 03-1234-5678
担当 : 橘谷

ご会葬予定者数 : 50 名様
（ご親族 : 10 名様　一般会葬者:40 名様）

通夜　葬儀・告別式

ご葬儀費用合計(A) +(B) +(C)
¥1,316,585(税込)

（税込価格）

品名	数量	単価	金額	
■基本料金(A)				①
○○セレモニープラン	1 式		735,000	
生花祭壇				
御棺(桐 8 分棺)		込み		
白木位牌		込み		
遺影(カラー四つ切)		込み		
遺影額		込み		
枕飾り・後飾り		込み		
寝台車(病院〜ご安置先、10km まで)		込み		
受付事務用品一式		込み		
焼香用具・仏具一式		込み		
お別れ花		込み		
葬儀施行人件費 （設営、司会進行、諸手続き代行など）		込み		
		(A) 基本料金合計	**735,000**	
■別途料金(B)				②
ドライアイス(1 日分につき 10kg)	1 日分	8,400	8,400	
メイク料	1 式	37,800	37,800	
会葬礼状(50 枚)	1 式	3,675	3,675	
会葬御礼品(宇治銘茶セット)	50 個	1,050	52,500	
		(B) 追加料金合計	**102,375**	
■立替料金(C)				③
式場使用料(○○斎場)	1 式	236,775	236,775	
火葬料(○○斎場)	1 式	48,300	48,300	
収骨容器（白２号、覆い付）	1 式	13,335	13,335	
通夜飲食費(セット 料理 8〜10 名様)	4 台	25,200	100,800	
精進落とし飲食費（特製松花堂弁当）	15 個	4,200	63,000	
寸志	1 式		17,000	
		(C)立替料金合計	**479,210**	

① セット料金を利用する場合、品名項目ごとの単価が空白（金額が不詳）になっているのが一般的。セットの場合、一部の品名を不要にしても料金は変わらない。

② いわゆる「オプション」にあたる部分。遺族の要望で追加が見込まれ、また会葬者の人数によっても変動する。

③ 葬儀社によっては立替費用を実費として総額に含めない場合もあるので注意。

◆葬儀費用の内訳

　葬儀社に支払う費用は、大きく「基本費用」「別途費用」「立替費用」に分けられます。葬儀社のセット料金はこれらの費用を独自に組み合わせたもので、セットの構成や各費用の名称は葬儀社によって異なります。

●基本費用

　一般的なお葬式を執り行うのに必要な棺、祭壇、位牌など。これらは一度決定したら金額の変更はなく、額面通り請求されます。受付事務用品一式、設営、司会進行など葬儀施行人件費もここに含まれます。

●別途費用

　移動距離に応じて可算される霊柩車やマイクロバスの車両費、会葬者数によって増減する会葬礼状や返礼品などです。また葬儀プランのグレードアップやオプションを追加するための費用がこれにあたります。

＊見積書と請求書の値段が違う場合は、たいていこの別途費用によるものです。葬儀社とのトラブルのもとになりやすい部分なので、別途費用を考慮したうえでの費用の目安を確認しておくと安心です。

●立替費用

　その名のとおり葬儀社が立て替えておく費用（実費）でおもに式場や火葬場の使用料、飲食費、寸志《すんし》（心づけ）などです。

葬儀各品目の相場

式場使用料

おもに斎場、寺院や教会、集会所など。近年は設備の整った火葬場と併設している斎場が主流で、規模により使用料が異なります。近年は家族葬向けのリーズナブルな斎場も増えています。相場は、公営で5万〜10万円、民営は5万〜数十万円など。

祭壇

葬儀費用の中でもっとも値が張るのが祭壇費用。伝統的な白木祭壇と生花祭壇があり、近年は都市部で生花祭壇が人気で、花の種類によっても値段も多様です。相場は、白木祭壇が20万円〜。生花祭壇は式場の広さと量で値段は大きく異なります。

棺

主流はラワン合板の表面に天然木を貼った合板棺や、布を貼った布貼り棺などが一般的。紙素材のエコ棺も増えています。桐《きり》、樅《もみ》、檜《ひのき》などの天然木を使用した棺は10万円からで、彫刻が入るほど高額になります。一般的な棺は3〜30万円。天然木棺は百万円以上するものも。

遺影

「四つ切」サイズが一般的でしたが、自宅に飾ることを考えてやや小さめの「六つ切」サイズが好まれます。近年、薄暗い式場では高い効果を発揮する電飾仕様の遺影が増えています。相場はカラー四つ切は3万円前後。カラー六つ切は2万円前後。

※相場は一例で、いずれも都内近郊の費用を参考にしたもの。

骨壺

瀬戸の白覆《しろおお》いが主流。有田焼、大理石になると値段が上がります。火葬場で骨壺を購入しなければならない場合や、あるいは無料提供の場合もあるので、葬儀社に確認を。また、分骨する場合は専用の骨壺を別途購入します。相場は白瀬戸で１万３千円前後。

寝台車

病院から自宅や式場へ搬送する車両費（運転手込み）。寝台車にはワゴンやバンの普通車が使用されるため、相場には大きな差は生まれません。10㎞までで１万５千円前後が一般的です。なお、自家用車で故人を搬送しても、法律に触れることはありません。ただし、死亡診断書の携帯が必須です。

火葬場休憩室使用料

火葬している間に待機する控え室として、たいていは利用します。火葬料金が無料の施設は休憩室も無料となる場合も。部屋の大きさにより、数千円～2万円前後と幅があります。

霊柩車

自宅や式場から火葬場へ遺体を搬送する車両費（運転手込み）。普通車か特別車（宮型霊柩車やキャデラックなどの高級洋型霊柩車）かで値段が大幅に異なります。相場は10㎞まで1万5千～4万5千円。同行するマイクロバスは3万5千円前後。

火葬料

全国的には公営施設が圧倒的に多いものの、東京都では民間の総合斎場を利用するケースが大多数を占めています。公営の場合、火葬料金が無料となる自治体も少なくありません。ただし、指定区域外の住民が利用する場合は別料金の扱いになります。民間は5万円前後。公営は無料～４万円。

遺体保管料

遺体を自宅に戻さない場合は、遺体保管施設で安置します。使用料は日数で加算。相場は1泊ごとに、公営保管室は3千円程度。民間保管室は3千～7千円となっています。

ドライアイス

遺体を保存するために必要です。料金は1日分ごとに加算されます（重量で加算される場合もある）。夏季には増量が見込まれます。1日あたり5千～1万円が一般的です。

会葬礼状《かいそうれいじょう》

会葬へのお礼を伝える礼状は、会葬者が増えても対応できるよう多めに準備します。葬儀社にひな型を使用して作ることも可能。名前入りは100枚単位の発注で1枚100円前後。

返礼品

会葬礼状と一緒に手渡す返礼品は、多めに用意しますが、通常は渡した分だけの請求です。相場は1人あたり500～千円程度。返礼品は会葬のお礼なので、香典のお礼ではありません。香典をもらった人には、追って香典返しの品を送ります。

飲食費

通夜ぶるまいの料理は、親族や会葬者の数をおおむね算出し、その7割くらいを目安にオードブルなどを用意します。

精進落としは、通常1人1席を設けるため、通夜ぶるまいより高くなるのが普通です。相場は1人あたり、通夜ぶるまいは3千～4千5百円。精進落としは4千5百～6千5百円。

※相場は一例で、いずれも都内近郊の費用を参考にしたもの。

お葬式の告知

告知の方法

式場で会葬者を迎えて行うお葬式を希望している場合は、日時と場所が決まり次第、すみやかに親交のあった人々や勤務先などに連絡します。連絡手段は電話がほとんどで、式場の地図などを送る場合は電子メールやFAXを用います。人数が多い場合は、さらにその先へ連絡を取ってもらいましょう。

通知状の作成

一般のお葬式で通知状による告知はほとんど見られなくなりました。通知状を作成するのは、故人が会社や団体に所属していた場合です。通知状は、たいてい勤務先の総務部や人事部などが作成します。一方、会社役員の場合には取引先や関連会社などに向けても告知します。

Tips 新聞広告と年賀欠礼状

地方在住の場合や社会的に知名度が高い人が亡くなった場合は、新聞に死亡広告を出して広く告知することもあります。広告面積の大きさで料金が変わり、掲載料の他に原稿作成料もかかります。

家族葬や密葬で会葬者を限定した場合は、後日死亡通知状を郵送するのがマナーです。年賀欠礼状も死亡通知の代わりになるので、時期によって使い分けましょう。

納棺する

◆納棺の儀式を行う

仏式 通夜の前に、故人の遺体を納棺します。たいていは葬儀社のスタッフが行いますが、納棺師が行うこともあります。納棺前、逆《さか》さ水《みず》の湯でしぼったタオルなどで体を清める湯灌《ゆかん》を行うこともあります。

一般的な納棺の流れは、まず、遺体を死装束、または用意した衣服に着替えさせます。その後、その場にいる人たちで想いを込めながら遺体を棺に納め、さらに棺に故人の愛用品などを入れます。

神式 遺体を納め、周りを生花で飾り、白布で覆ってふたを閉めます。納棺から出棺までは、1日2回常饌《じょうせん》や生饌《せいせん》を供え、拝礼します。

キリスト教式 宗派により異なりますが、遺体に聖水を注いだり、棺に生花や十字架などを入れたりします。

納棺の作法

納棺は、一般的に清拭《せいしき》（または湯灌）、死装束、死化粧、納棺の順で行われます。

死装束

仏式では本来、巡礼服として経《きょう》帷子《かたびら》を着せます。経帷子を左前に合わせ、手甲《てっこう》をつけ、わらじを履かせ、頭陀袋《ずたぶくろ》（六文銭《ろくもんせん》を印刷したもの）なども持たせます。死装束の代わりに故人の愛用した服や、着替えさせやすい遺体専用の衣服を利用する人も増えています。

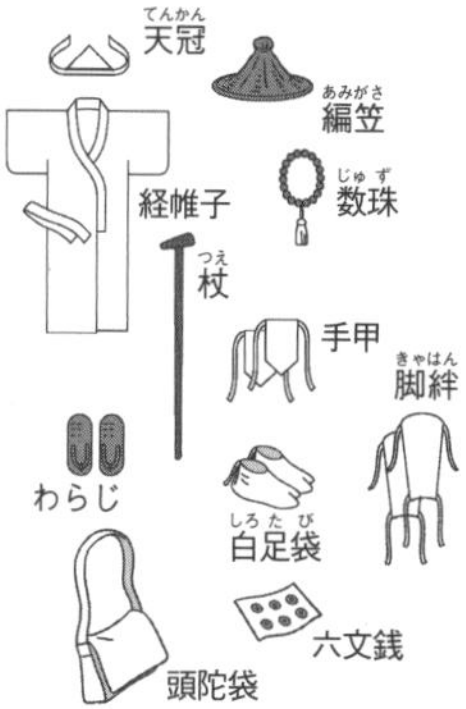

遺品入れ

燃やすと汚染物質が出る可能性があるものなどは棺に入れられません。携帯電話やメガネなど電化・金属製品や、化粧品やプラスチック類などお骨が汚れる可能性のあるものも不可です。判断しかねる場合は葬儀社に相談しましょう。

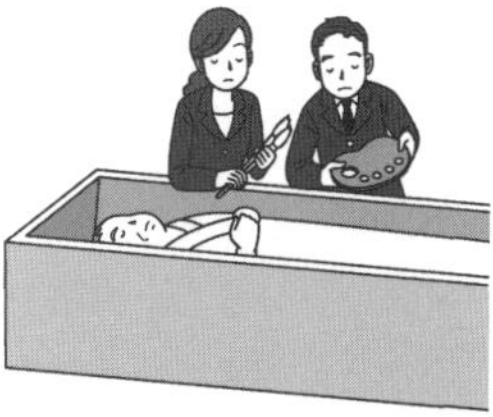

Tips **エンバーミングを希望する場合**

諸事情で臨終してから葬儀まで間が空いてしまう場合、専用施設でエンバーミング処置（遺体衛生保全）を行うことで、遺体を衛生的に長期保存（20日程度）できます。事故などで外傷が激しく復元処置をしたい場合も程度によって対応してくれます。

Column 1

親とお葬式の事前相談を

●事前相談は世間話の延長で

突然、親が亡くなってしまったというケースが多く、「生きているうちにどんなお葬式がいいか聞いておくべきだった」と後悔する遺族が多いようです。しかし、元気なうちにといっても、自分の親とお葬式の話はしにくいものです。

そんなときは、自然とお葬式の話になるようなタイミングを見計らって、話しかけてみましょう。親族の葬儀や法要に出席したときや、お盆やお正月で帰省したとき、テレビでお葬式特集をやっているときなどはよい機会です。深刻にならないよう、世間話の延長のように話すのがポイントです。

●本人の要望はできるだけ形に残す

聞いておきたいことは、どんな葬式にしたいか、お葬式に呼びたい人はいるかといったこと。仲のよい人や、趣味の仲間はいるかといった話から聞き出せるとよいでしょう。近年は自分らしい方法で見送られたいと考える人が年々多くなっています。そのためには、親の要望を形に残すことも大切なので、聞いたことは書き留めておきましょう。あるいは自分の亡くなった後のことを記しておく「エンディングノート」を親にプレゼントしてもよいでしょう。

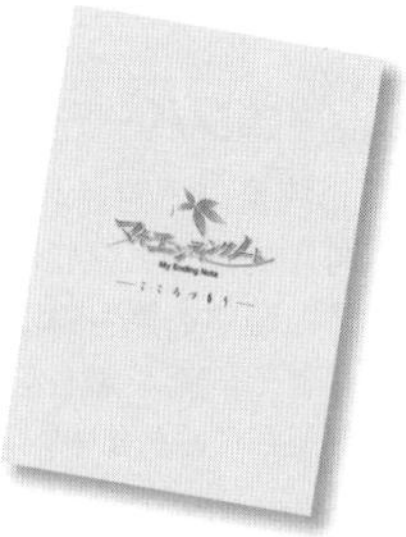

提供：日本葬祭アカデミー教務研究室

第2章

通夜と葬儀・告別式

お葬式前の最終確認と準備

◆お葬式を出す遺族の心構え

お葬式の前に葬儀社と遺族で最終の打ち合わせを行います。近年はお葬式に関するほとんどのことを葬儀社がやってくれます。しかしお葬式を出すのは遺族ですから、故人の弔いのためにも、葬儀社任せにせずに遺族もしっかりと準備に参加しましょう。

◆遺族がやるべきこと

葬儀社との打ち合わせが終わったら、遺族内で段取りを確認します。式次第、焼香や立礼のタイミング、受付での対応などについては、念入りに確認しましょう。

喪主は、まずあいさつの文面を用意します。また、弔辞《ちょうじ》を拝受する場合は、早めに依頼を行います。式当日に親族や友人に係の手伝いを頼む場合は、受付や案内係が一般的です。会計係は香典をまとめて預かるため、信用できる人にお願いしましょう。

近年は会葬者が通夜に集中するようになってきています。通夜前の準備がお葬式全体にかかわるため、もれがないようにしましょう。

遺族の礼装

遺族の礼装といえば和装でしたが、現在は、洋装も和装と同格とされているので、喪主や遺族代表になった場合でも洋装で問題ありません。礼装は葬儀社に依頼してレンタルするのも可能です。

女性の礼装

和装

黒無地染め抜き五つ紋付き、黒無地の丸帯が正礼装。羽織は着用しない。草《ぞう》履《り》、帯揚げ、小物は黒で統一、襦袢《じゅばん》と足《た》袋《び》は白。

洋装

黒無地のスーツ、アンサンブル、ワンピース。夏でも7分袖か長袖で、スカートはひざが隠れる長めの丈のもの。足元は、黒のストッキングに光沢や飾りのないパンプスを。

身だしなみ

長い髪はまとめ、薄化粧を心がける。アクセサリーは光りものを避け、真珠かブラックオニキスなどを。

男性の礼装

和装が羽織・袴、洋装はモーニングコートになるが、通夜では着用できないため、お葬式を通じて着用できるブラックスーツが一般的。白のワイシャツにネクタイ、黒のベルト、光沢のないプレーンな黒の革靴に黒の靴下を合わせる。

子どもの礼装

幼稚園、学校などの制服が礼服となる。制服がない場合は、男の子は白のシャツに黒や紺のズボン、女の子は白いブラウスに黒や紺のスカートが一般的。

◆心づけは遺族の感謝の気持ち

　火葬場の職員、霊柩車やマイクロバスなどの運転手に渡す「心づけ」は、本来、人の死にまつわる仕事、故人をていねいに扱ってもらったことへの感謝の意を示すものですが、かならずしも渡さなければいけないものではありません。あくまで、遺族の気持ちとして渡すものなので、葬儀社と相談して用意するかどうか決めましょう。

　ただし、これまでの慣習としては、民営の業者にはほとんどの喪家《そうけ》が心づけを渡しています。公営の火葬場職員などの場合は、受け取ってはいけないことになっているため、心づけは必要ありません。

心づけの用意

　心づけは相手が受け取りやすいよう、ポケットに入るような小さな不祝儀《ふしゅうぎ》袋か、白無地の封筒に入れて渡します。袋や封筒は多めに用意しますが、なくなったときは半紙などで包んで渡してもかまいません。

　表書きは「志《こころざし》」「心づけ」「寸志《すんし》」として、下に家名を書きます。最近は、心づけ用に表書きと家名が印刷された袋を用意してくれる葬儀社もあります。

心づけの表書き

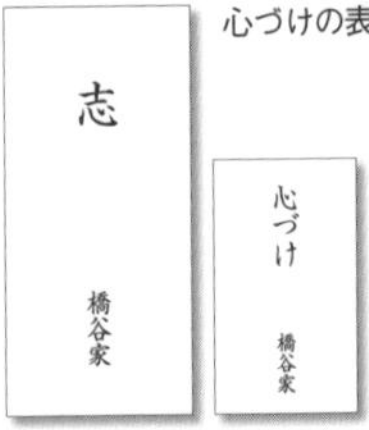

◆心づけは葬儀社に任せる

心づけは、遺族が現金を用意し、葬儀社から関係者に渡されるケースがほとんどです。お葬式当日は慌ただしく、遺族から渡す余裕はありません。その点、葬儀社は渡す相手を把握しているので、任せたほうがスムーズに事が運びます。遺族は、心づけとしていくら必要になるかを葬儀社から聞き、通夜の当日に担当者に預けます。

◆葬儀社への心づけ

原則として必要ありません。遺族の感謝の気持ち次第で、とくにお礼をしたいときに渡すとよいでしょう。最近は、最初から受け取らないとしている葬儀社が多いです。

遺族が心づけを渡す場合とその相場

心づけを渡す相手は、民営の火葬場職員や霊柩車・マイクロバス・寝台車の運転手です。民営の総合斎場では、火葬炉ごとにランクがあり、心づけの相場も異なるので葬儀社に確認しましょう。

運転手

霊柩車、マイクロバス、タクシーの運転手に渡します。金額は搬送距離や車種によります。目的地に到着後は慌ただしくなるので、乗車前に渡します。相場は、寝台車・ハイヤー・マイクロバスの運転手は、3千～5千円。霊柩車の運転手は5千～1万円。

火葬場職員（民営）

火葬技師や控え室の係員などに渡します。遺族が渡す場合は、控え室での待機中がよいでしょう。相場は、火葬技師は3千～1万円、控え室係員は3千～5千円、事務所職員には3千円。

お手伝いの親族・友人

お葬式が終わった後で、手伝いへの感謝の気持ちとして、お弁当か心づけを渡してもよいでしょう。渡す場合は、3千円が目安。

仏式のお葬式 ①通夜

◆葬儀・告別式と同様の心構えを

通夜は、遺族やとくに親しい人々だけで故人と最後の一夜を過ごすものでしたが、現在は夜6～7時頃から行われ、一般弔問《ちょうもん》客が集中して訪れるようになっています。

通夜の間は、喪主や遺族は基本的に故人のそばにつき添い、弔問客への応対や雑務は葬儀社や各係に任せます。焼香する際の弔問客には、黙礼で返します。

通夜ぶるまいでは、喪主と遺族は酒食をふるまい、弔問客をもてなします。

式場での席次例

式場での席次は通夜、葬儀、告別式を問わずに、喪主が棺に一番近い位置に座ります。一般的には、祭壇に向かって右側の列に喪主、遺族、親族が血縁の深い順に並び、左側の列には弔問客が座ります。

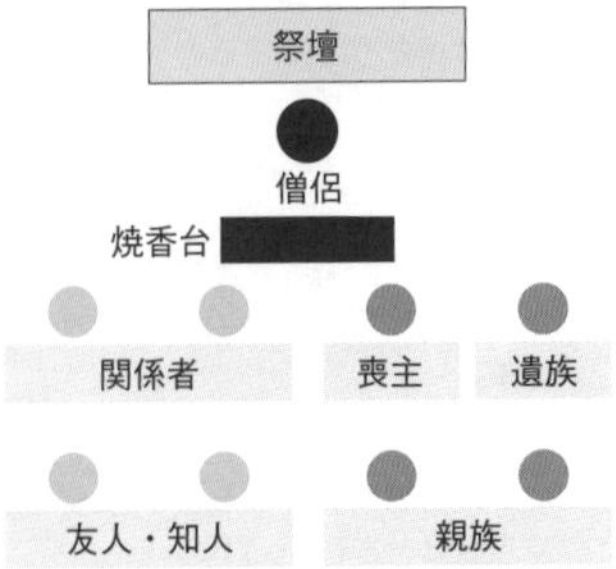

一般的な通夜の流れ

通夜の内容は地域によるちがいがありますが、一般的に僧侶による読経、遺族と弔問客の焼香、弔問客に酒食をふるまう通夜ぶるまいの順に進みます。

① 打ち合わせ

1時間半前までには式場入りし、葬儀社と打ち合わせをし、式の進行と段取り、通夜ぶるまいの料理などを確認。

② 僧侶の出迎え

控え室に案内して、打ち合わせをする。

③ 受付開始

会葬者を迎えるために、各係は開式の1時間前から配置に着く。早めに来た弔問客は控え室等で待ってもらう。

④ 開式の辞

一同入場、着席する。司会者が開式の辞を述べる。

⑤ 僧侶による読経

僧侶が入場し、読経を行う。弔問客が多数の場合は、読経開始後すぐに焼香をはじめることもある。

⑥ 焼香

喪主、遺族、親族、弔問客の順で行う。

⑦ 喪主あいさつ

僧侶が退場したら、弔問への感謝を述べ、通夜ぶるまいの案内をする。

⑧ 閉式の辞

司会者が閉式の辞を述べ、一同は式場から退出する。

⑨ 通夜ぶるまい

喪主や遺族は弔問客へあいさつに回り、故人とのつながりを確認しておく。

※式次第は地域や宗派によって内容が異なる。

遺族の焼香の作法

お葬式での焼香は抹香《まっこう》を用い、弔問の際は線香を用いるのが一般的です。香をつまむ回数は１～３回で、宗派により異なります。

立礼焼香

立ったままで焼香を行います。斎場や寺院の本堂でいすに座って行う場合に多く用いられます。

1

右手の三つ指（親指、人差し指、中指）で香をつまみ、目の高さまでおしいただいてから、香炉に静かにくべる。

2

遺影に向かって合掌する。

座礼焼香

自宅でのお葬式は、ほとんどが座礼焼香です。

1

前に出て、膝を折り座った状態で祭壇に進む。

2

抹香をつまみ香炉にくべ、遺影に向かって合掌し、膝を折り座った状態で祭壇から離れる。

回し焼香

盆にのった抹香と香炉を着席者の間で回す焼香の作法で、自宅でお葬式を行う場合に用いられることがあります。

1

香炉を目の前に置いて（置けなければ膝にのせる）、一礼してから焼香する。

2

合掌して、両手で香炉を次の人に渡す。

通夜ぶるまい

弔問客に対する慰労とお礼の意味合いが強くなっている通夜ぶるまいですが、本来は弔問客に食事をしながら故人を偲《しの》んでもらうという供養の意味があります。最近は、弔問客が通夜にだけ出席して帰ることも多く、遺族と親族、とくに親しい関係者だけで行うケースも増えているようです。

僧侶が参加する場合は、上座に案内します。喪主はその隣席に座り、法名の解説、初七日法要や納骨の日程など、今後の予定を確認する場となります。遺族は末席に座ります。控え室にお膳を運び、お勤めのお礼をかねて、僧侶と話すケースもあります。

通夜ぶるまいの習慣は地域によって異なり、通夜ぶるまい自体を行わない地域もあります。

仏式のお葬式　②葬儀・告別式

◆葬儀・告別式の時間の配分

　現代では葬儀・告別式として一緒に行われていますが、本来はそれぞれ別の意味をもっています。葬儀は故人をあの世へ送る宗教的な儀式であり、告別式は一般参列者が故人にお別れを告げる式典です。

　葬儀・告別式の後には火葬や精進落としが控えているため、通夜と比べると時間的な制約があります。喪主のあいさつや出棺の時間を念頭において、式次第が予定通りに進むよう、時間の配分に注意しなくてはなりません。

　また、喪主と遺族は、当日新しく届いた供花や供物があれば並び順を再度チェックし、弔辞《ちょうじ》(＊1)を依頼した人の名前や弔電《ちょうでん》(＊2)の順序を司会者と打ち合わせるなど、対外的に失礼のないように確認しましょう。

＊1　弔辞　故人に捧げる別れの言葉。弔辞の人数は2人が一般的です。

＊2　弔電　5通程度を代表として司会者が奉読します。社会的地位の高い人、会社関係者などを優先するのが一般的です。

一般的な葬儀・告別式の流れ

葬儀・告別式では、故人を弔うための宗教儀式が厳粛に執り行われます。近年、本来は火葬後に行われる初七日《しょなのか》法要を式中にくり上げて行うケースが増えています。

① 打ち合わせ

弔辞・弔電の名前の読み方を司会者とチェック、供花・供物の順、火葬場の同行人数などを葬儀社と確認する。

② 僧侶の出迎え

僧侶を出迎え、葬儀の進行、火葬、くり上げ初七日法要、精進《しょうじん》落としについて確認する。

③ 受付開始

④ 開式の辞

一同着席後、司会者が開式の辞を述べ、喪主があいさつ（⇨ P70）。

⑤ 僧侶による読経

戒名を授かる「授戒《じゅかい》」、故人をあの世に導く「引導《いんどう》」を行う。

⑥ 弔辞・弔電

代表者が弔辞を述べ、祭壇に供える。弔電は、司会者が奉読する。

⑦ 焼香

僧侶の読経が再開し、喪主、遺族、親族、弔問客の順で行う。

⑧ 閉式の辞

僧侶が退場し、司会者の閉会の辞によって終了となる。

⑨ お別れの儀

遺族は故人と別れを済ませ、棺のふたを閉める（⇨ P69）。

⑩ 喪主あいさつ

参列者が揃っている開式前にくり上げて行うことも。

⑪ 出棺

棺を搬出し、霊柩車へ運ぶ（⇨ P68）。

※式次第は一部省略したもの。また、地域や宗派によって内容が異なる。

神式のお葬式

◆特有な儀式が多い神葬祭

　神式では、人が亡くなると、「帰幽奉告《きゆうほうこく》」「枕直しの儀」「納棺の儀」「柩前日供《きゅうぜんにっく》の儀」といった神式特有の儀式を経て、神式におけるお葬式、「神葬祭《しんそうさい》」を迎えます。

　仏式の通夜にあたる「通夜祭《つやさい》」を行い、式中に故人の御霊を位牌にあたる「霊璽《れいじ》」に移す「遷霊《せんれい》の儀」を行います。そして、翌日に葬儀・告別式にあたる「葬場祭」を行います。神式では、死を「けがれ」であるとされているので、神葬祭は斎場や自宅などで行います。

　神葬祭で祭祀《さいし》を取り仕切る神職を「斎主《さいしゅ》」といい、そのほかに斎主を補佐する「斎員《さいいん》」、演奏を担当する「伶人《れいじん》」などがいます。仏式とちがい、複数の神職が来場するので、応接に気を配るようにしましょう。

一般的な神葬祭の流れ

神葬祭は荘重な儀式の数々で構成され、なじみのない言葉や独特な供物、祭具も多いので、斎主に伺いを立てて指示に従います。葬儀社も神式葬儀の経験が豊富な会社を選択するようにしましょう。

通夜祭（遷霊祭）

① **開式の辞・修祓《しゅばつ》の儀**
一同着席し、斎主入場。開式の辞の後、斎主にお祓いを受ける。

↓

② **遷霊の儀**
故人の御霊を霊璽に移し、斎主が遷霊祭詞《せんれいさいし》を読み上げる。

↓

③ **奉幣《ほうへい》・献饌《けんせん》**
斎員が供物を供える。

↓

④ **祭詞《さいし》奏上《そうじょう》**
斎主が祭詞を読み上げる。

↓

⑤ **玉串奉奠《たまぐしほうてん》**
斎主、喪主、遺族、親族、会葬者の順に行う。

↓

⑥ **閉式の辞**
斎主が退場し、閉式となる。

↓

⑦ **直会《なおらい》**
通夜ぶるまいと同じ。

葬場祭

① **開式の辞**
↓
② **修祓の儀**
↓
③ **奉幣・献饌**
↓
④ **祭詞奏上**
↓
⑤ **弔辞・弔電**
↓
⑥ **玉串奉奠**
↓
⑦ **撤幣《てっぺい》・撤饌《てっせん》**
↓
⑧ **閉式の辞**
↓
⑨ **喪主あいさつ**
↓
⑩ **出棺**

※式次第は一部省略したもの。また、地域や宗派によって内容が異なる。

キリスト教式のお葬式

◆2つの宗派で異なるお葬式

キリスト教のお葬式には、故人の魂が神の御許《みもと》に受け入れてもらえるよう祈るという意味合いも込められています。お葬式はほとんどが所属する教会で行われ、神父や牧師の主導で進みます。葬儀社は設営や会葬者の誘導などを行います。

カトリックでは通夜を「通夜の祈り」、葬儀を「葬儀ミサ」といいます。葬儀ミサでは死者が安息をえられるよう祈る「感謝の典礼《てんれい》」が中心となります。日本の習慣も取り入れることもあります。

プロテスタントは通夜を「前夜式」といい、葬儀・告別式はとくに分けず、「葬儀」とします。

神の前ではだれもが平等という考えから、供花の差出人の名前を外し、遺品や勲章などは置きません。

一般的なミサ・式典の流れ

ミサ、式典ではキリスト教式になじみのない参列者も多いので、聖歌や賛美歌の歌詞、祈りの言葉などを印刷した式次第（プログラム）を、教会または葬儀社が用意してくれます。

カトリック

通夜の祈り

①聖歌斉唱
↓
②聖書朗読
↓
③献香・献花
↓
④結びの祈り
↓
⑤茶話会《さわかい》

葬儀ミサ

①言葉の典礼
（聖書朗読など）
↓
②感謝の典礼
（パンとぶどう酒を捧げる）
↓
③主の祈り
↓
④弔辞・弔電
↓
⑤喪主あいさつ
↓
⑥献花
↓
⑦出棺

プロテスタント

前夜式

①聖書朗読、賛美歌斉唱
↓
②主の祈り
↓
③牧師による追悼説教・祈祷《きとう》
↓
④献花
↓
⑤茶話会

葬儀

①聖書朗読、賛美歌斉唱
↓
②祈祷
↓
③追悼説教、祝祷《しゅくとう》
↓
④弔辞・弔電
↓
⑤喪主あいさつ
↓
⑥献花
↓
⑦出棺

※式次第は一部省略したもの。また、地域や宗派によって内容が異なる。

出棺する

◆故人との最後の対面

遺族や親族、とくに親しい友人などで、告別式終了後にお別れの儀を行います。この間一般参列者は外に出て出棺を待ちます。棺を祭壇から降ろしてふたを取り、遺族や親族が囲むようにして最期の対面を果たします。その後で棺に花や、故人ゆかりの品があれば納めます。

棺のふたを閉じて搬出し、霊柩車に納めます。遺族は位牌や遺影を持って並び、喪主があいさつをして出棺となります。

出棺までの流れ

出棺が遅れると火葬ができなくなる場合もあるため、出棺にまつわるさまざまな風習は省略されつつあります。地域によっては大切に守っているところもあるので、事前に確認しましょう。

① 告別式終了

遺族と親族が式場に残り、一般参列者は外へ移動。

↓

② お別れの儀

遺族・親族は棺を囲み花を入れ、故人との別れを惜しむ。

↓

③ 搬出

ふたが閉じられ、男性6名ほどで式場から搬出する。

↓

④ 喪主のあいさつ

棺を霊柩車に納めた後、遺族・親族を代表して喪主があいさつする。

↓

⑤ 出棺

棺をのせた霊柩車が出発する。

お別れの儀と棺の搬出

お別れの儀（別れ花）

出棺前に、遺族と近親者で最期の対面を行います。たいていは葬儀社が花の輪《りん》（茎を取った花）を用意します。たくさんの花を棺に入れて、故人とのお別れをします。愛用していた品や故人へあてた手紙などを入れたい場合はこのときに入れましょう。

棺の搬出

棺のふたを閉じたら、男性の遺族や親しい友人など5 ～6人で棺を運び出します。喪主が位牌を、遺族が遺影を持って続きます。霊柩車に棺をのせたら、遺族は参列者に向かってあいさつし、終わったら一礼してから火葬場へ移動します。

出棺にまつわるさまざまな風習

自宅葬の出棺 玄関からではなく縁側などから棺を出す。死霊が戻らないように、または死は非日常として通常時とは逆のことをするため。

茶碗割り 故人が使用していた茶碗を割る。この世への思いを断ち切る、またはあの世で茶碗を使えるようにという願いから。

釘打ち 棺のふたを閉めた後、小石で釘を打つ。死霊を封じ込める、または死者が冥土に無事着くようにとの願いを込めたもの。

喪主のあいさつ

◆あいさつは感謝の意を込めて

　通夜の終了後や出棺前などに、喪主は会葬者に対してあいさつを行います。近年は会葬者がもっとも揃う開式前に行うことも多くなっています。慌ただしく精神的にもつらいときではありますが、かならず行うことですので、事前に書いてまとめておくようにします。

　通夜終了後のあいさつは、堅苦しくない言葉で行います。感謝の意を示し、葬儀・告別式の告知、通夜ぶるまいの案内もかならず伝えます。通夜ぶるまいの最後のあいさつはこれでお開きになることも伝えます。

　出棺前のあいさつは、位牌や遺影を持ちながら遺族全員が参列者に向かって並び、喪主または遺族代表者があいさつします。終わったら深く一礼することも忘れないようにしましょう。

喪主あいさつの心構え

あいさつでは、最初に会葬への感謝の意をあらわし、次に故人のことを話します。具体的には、自分と故人との関係、故人の略歴や功績などを話し、最後に参列者へ、お世話になったことへの感謝の意を伝えるとともに、遺族への支援のお願いをして終わる形が一般的です。原稿を見て読み上げても差し支えありません。

出棺前のあいさつ

本日はお忙しい中父○○の葬儀、並びに告別式にご参列くださいまして、まことにありがとうございました。

父が息を引き取りましたのは、○月○日の○時でした。肺炎をこじらせ入院しておりましたが、家族が見守る中で眠るように逝きました。○歳でした。

本日、こうして生前親しくおつき合いいただいた皆様方にお会いでき、お見送りいただいたことを故人も喜んでいることでしょう。生前に賜りましたご厚誼に心からお礼申し上げます。また今後も変わらぬご支援、ご厚情を賜りますよう、お願い申し上げます。本日は最後までお見送り、まことにありがとうございました。

通夜終了時のあいさつ

本日はお忙しい中、父○○のためにわざわざお越しいただきましてまことにありがとうございます。こうして、皆様方にお集まりいただきましたことを、故人もさぞかし喜んでいることと存じます。また、父の入院中にはご親切なお見舞いをいただきましたことを故人に成り代わりまして、お礼申し上げます。

なお、明日の葬儀は午前10時からでございます。何卒よろしくお願いいたします。別室にささやかではございますが、お席の用意がございますので、故人の供養のためにもどうぞお寄りください。本日はまことにありがとうございました。

※開式前にあいさつする場合は、葬儀・告別式の告知は省略する。

火葬場への移動と納めの式

◆火葬場への移動

昔は、火葬場には遺族や親族のほか親しかった友人なども同行していましたが、現在は近親者のみで移動するのが一般的です。

移動時は、霊柩車の後ろに喪主と宗教者などが乗るハイヤー、遺族や親族が乗るマイクロバスが続きます。希望すれば、故人ゆかりの場所を経由することもできますが、車両料金は距離でも換算されますし、火葬場の予約時間もあるので、葬儀社と相談してみましょう。

火葬までの流れ

火葬場に到着したら炉前に棺を安置して、納めの式を行います。遺体が荼毘《だび》に付されている間は、遺族は控え室で待機します。

① 火葬場へ移動
↓ 到着したら、全員で棺とともに炉前に移動。

② 納めの式
↓ 焼香台で、僧侶の読経と共に順を追って全員が焼香。

③ 火葬
↓ 棺が炉に入ったら控え室で同行者をもてなす。

④ 控え室で待機
↓ 収骨の案内が流れるまで、待機する。

⑤ 収骨
炉前で係員の指示に従い、収骨する（⇨ P75）。

◆出発前にしておくこと

火葬場に行かずに残る親族に、遺骨を迎える場所で、遺骨迎えや精進落としの準備をしてもらいます。

霊柩車やマイクロバスの運転手、そして火葬場職員（民間火葬場の場合）への心づけについても、事前の打ち合わせ通りに葬儀社が対応してくれます。

移動時の車中の席次

僧侶が同行する場合は、運転手の後ろの上座に座ってもらいます。その隣に喪主、遺族は運転手の隣に座ります。僧侶が自家用車で来る場合もあるので、事前に確認しておきましょう。

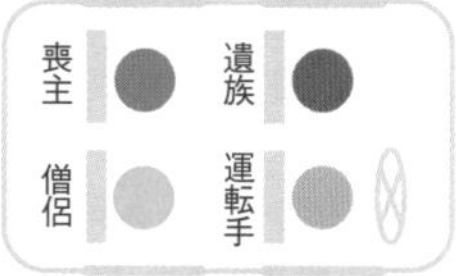

死体火葬許可証

死体火葬許可証は当日忘れずに持参します。許可証がないと火葬できないため、事前に葬儀社に渡しておくと安心です。

火葬が済むと死体火葬許可証は「死体埋葬許可証」となり、骨壺の入った箱に入れて渡されます。埋葬の際に必要な書類なので、渡されたらかならず中身を確認しましょう。死体埋葬許可証は紛失すると手続きに時間がかかるので、骨壺の箱に入れたままで保管しましょう。死体埋葬許可証は５年間の保管義務があります。

◆火葬と納めの式

　火葬場に到着したら、棺とともに喪主を先頭に火葬炉の前まで進みます。炉前の焼香台に集まり、故人の遺体と最期のお別れをします。僧侶が同行している場合は「納めの式」を行い、遺体を荼毘《だび》に付します。

　火葬に要する時間は40分~2時間で、事前に葬儀社が予約をしておいた控え室を利用して待機します。待機中は茶菓で僧侶や同行者をもてなします。時間帯によっては軽食を取るなど、待機時間に応じた手配ができるよう葬儀社に確認しておきましょう。

　火葬後は炉前に戻り、係員の指示に従って「収骨《しゅうこつ》」を行い、遺骨を骨壺に納めます。

納めの式（仏式）

　炉前に設置されている仮祭壇に位牌と遺影を置きます。香炉や燭台は火葬場で用意してあります。僧侶の読経の後に喪主、遺族、親族の順に焼香していきます。納めの式が終了したら、合掌して棺を見送りましょう。

神式

神式では炉前で「火葬祭」を行います。白木の小案《しょうあん》（小机）に位牌、遺影のほかに神饌《しんせん》、銘旗《めいき》などを置きます。斎主が祭詞を奏上し、喪主から順に玉串奉奠《たまぐしほうてん》を行います。

キリスト教式

キリスト教式の場合は、神父（牧師）と一緒に聖歌（賛美歌）斉唱、聖書の朗読などを行い、祈りを捧げることが多いようです。

収骨（骨上げ）

火葬後に遺骨を骨壺に入れることを「収骨」といいます。これは日本独特の儀礼で、この世からあの世へ向かう故人に三途《さんず》の川の渡しをしてあげるという意味があります。

収骨は、喪主から血縁が近い順に行います。2人1組になって、1片のお骨を竹の箸で一緒に挟んで骨壺に納めます。

また、「故人の宗派の総本山に納めたい」「菩提寺が遠いので近くに設けた墓に納めたい」「手元供養をしたい」などの理由で、分骨の希望がある場合は、分骨用の骨壺と錦袋を事前に葬儀社に依頼しておけば、収骨の際に係員が用意してくれます。

◆火葬場から帰宅する際の注意点

収骨を済ませると、係員が桐の箱に骨壺を入れて、白布で包んで渡してくれます。死体埋葬許可証も渡されるので、確認が済んだら、桐箱に入れて持ち帰ります。帰宅する際、基本的には喪主が遺骨を、遺族が位牌と遺影を持ちます。

タクシーで帰宅する場合はそのまま隠さず乗車することも多いようですが、公共の乗物で移動する場合は、見た目にわからないようにするのがマナーです。自身で用意したバッグに入れるか、火葬場の売店で、遺骨を納める専用のバッグが購入できることもあるので、利用するとよいでしょう。

精進《しょうじん》落としと遺骨迎え

◆火葬後の遺骨迎えと還骨《かんこつ》法要

かつては、火葬が済んだら自宅に僧侶を招いて「還骨法要」を行い、亡くなった日から数えて7日目に初七日《しょなのか》法要を行っていました。しかし、現代では初七日法要は葬儀・告別式の式中に行われ、出棺と同時に僧侶が式場を後にして還骨法要が行われないなど、法要が簡略化される傾向にあります。

遺骨が自宅に帰ったら、後飾り祭壇（⇩P78）に安置して、家族だけでも還骨法要としての焼香をしましょう。

くり上げ初七日法要

くり上げ初七日法要

初七日法要は、本来は亡くなってから7日目（逝去日も含める）に行うものです。葬儀や告別式と日にちが近くなるため、遠方の親族が多くなった現代では、くり上げて葬儀・告別式と同じ日に行うことが多くなっています。式中、あるいは火葬後に行うことが多いので、いつ行うかは僧侶と相談しておきましょう。

骨葬について

火葬を先に済ませて遺骨で葬儀を営むことをいいます。葬儀当日の午前中に火葬、午後から葬儀・告別式を遺骨で執り行う地域もあります。

◆精進落としの意味合い

火葬後には、会食の席として精進落としを設け、僧侶や親族に対して、ねぎらいの意味で酒食をふるまいます。本来は忌明けである四十九日に行っていたものですが、初七日の法要と同様にくり上げて、火葬後に行うようになっています。

精進落としでは全員が揃ったところで、喪主はお葬式が滞りなく終わったことへのお礼のあいさつをします。出棺のあいさつのように形式ばらなくてもよく、感謝の意を伝える程度でかまいません。献杯《けんぱい》の音頭は事前に親族代表者などに依頼しておきましょう。

精進落とし

火葬、初七日のくり上げ法要の終了後に行う会食を「精進落とし」といいます。招くべき人は、僧侶や親族で、近年は慰労や会葬への感謝の意味合いが強くなっています。精進落としは１時間半程度を目安にしてお開きにしましょう。地域によっては、粗品を用意する場合もあります。

料理は仕出しなどを利用して自宅や会場で行う場合と、料理店などに移動して行う場合があります。

遺骨迎えの準備

自宅に遺骨を持ち帰る場合は、遺骨を安置するための後飾り祭壇を葬儀社に設置してもらいます。設置場所は家族が集まる居間などで、納骨までの間、もしくは仮安置先が決まるまで、遺骨を安置します。弔問客にはここで焼香してもらうようにします。

地方によっては、葬儀・火葬と同日中に納骨も行います。その場合、遺骨迎えをする必要はなくなります。

後飾り（仏式）

後飾りの祭壇は、仏壇があればその前か横に設置します。祭壇用に2～3段程度の台を用意し、白布をかけます。遺骨、位牌、遺影、生花、燭台、香炉、鈴、水、供物などを置きます。燭台、鈴は仏壇のものを使用してもかまいません。

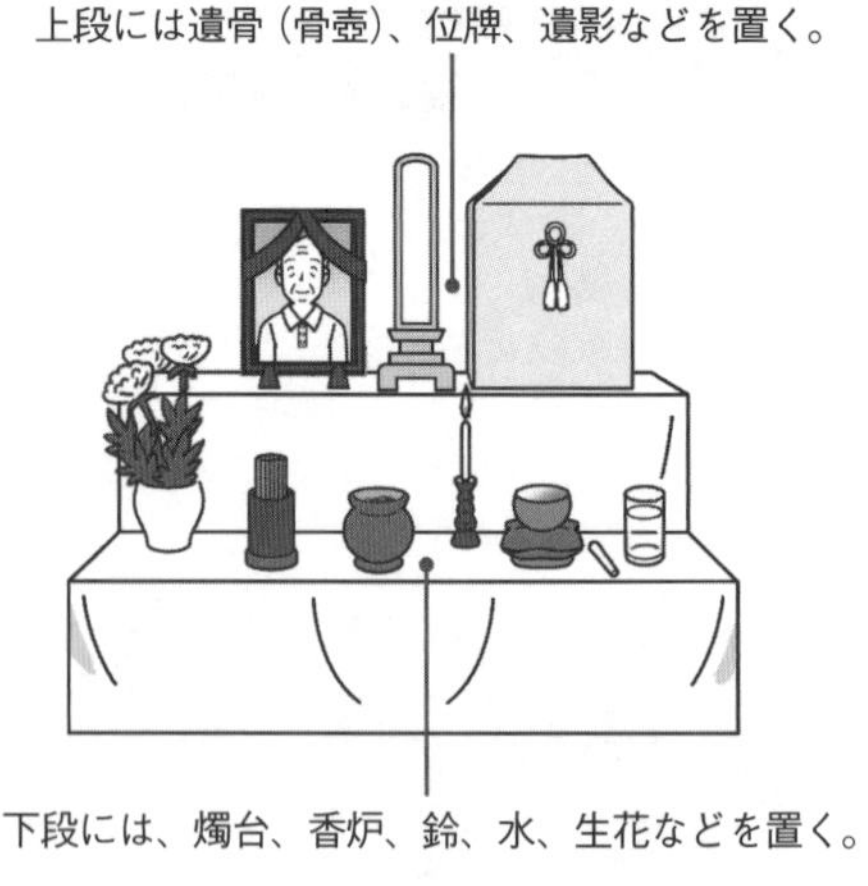

上段には遺骨（骨壺）、位牌、遺影などを置く。
下段には、燭台、香炉、鈴、水、生花などを置く。

※祭壇が2段の場合。配置にはさまざまなパターンがある。

還骨法要

遺骨を家に迎え入れる儀式ですが、現在はほとんど行われず、遺族や親族だけで焼香をするケースがほとんどです。還骨法要は宗派によって呼び名が変わり、浄土真宗では「還骨勤行《かんこつごんぎょう》」、曹洞宗では「安位諷経《あんいふぎん》」、臨済宗では「安骨諷経《あんこつふぎん》」といいます。

後飾り祭壇に遺骨や位牌、遺影を安置したら、僧侶にお経をあげてもらいます。読経中あるいは読経の後に喪主から順を追って焼香していきます。

Tips 僧侶へのお車代とお膳料

精進落としは、僧侶へのねぎらいの意味もあるので、事前に声をかけておきます。辞退された場合は、代わりにお膳料を渡します。タクシーを手配するなどの送迎を行わないときは、お車代も別に包むようにしましょう。相場は、僧侶1人につき、お車代は5千～1万円、お膳料は1万円です。

神式・キリスト教式の火葬

◆神式の火葬祭

神式では、火葬前に炉前で「火葬祭」という儀式を行います（⇩P74）。火葬が終わると墓所に向かい「埋葬祭」を行うのが正式ですが、近年は遺骨を自宅へ戻し、五十日祭まで安置することが多くなっています。

火葬場から帰った人は、「帰《き》家《か》修《しゅ》祓《ばつ》の儀」で身を清めてから家に入ります。その後、祭壇に遺骨を安置し、仏式の還骨法要にあたる「帰家祭」を行います。最後に手伝ってくれた人への慰労のために直会《なおらい》を催します。

◆キリスト教式の火葬

キリスト教のお葬式は土葬が前提なので、火葬後の儀式はとくにルールはありませんが、一般的な流れは次の通りです。

カトリックでは、火葬の直前に神父による祈《き》祷《とう》、聖歌斉唱などを行います。神父がいない場合は聖書を朗読後に聖歌斉唱するだけのケースもあります。

プロテスタントは、火葬場で賛美歌斉唱し牧師による祈祷を行います。遺骨は自宅に安置し、賛美歌を歌い、祈りを捧げます。

神式・キリスト教式の火葬までの流れ

神式

火葬祭では、炉前に霊璽、遺影、榊（さかき）などを置きます。斎主が祭詞奏上の後、一同で拝礼し、喪主から順を追って玉串奉奠を行います。家に入る前に帰家修祓の儀を行うので、手水（ちょうず）と塩を用意しておきましょう。遺骨を仮霊舎（かりのみたまや）に安置し、帰家祭を行ったら、手伝ってくれた人への慰労と感謝を込めて直会を催します。

① 火葬祭
炉前に祭壇を設置し、斎主が祭詞奏上し、玉串奉奠を行う。

↓

② 火葬・収骨
仏式と同様に行う（⇨P74）。

↓

③ 帰家修祓の儀
火葬場から帰ったら身を清め、斎員がいる場合はお祓いを受ける。

↓

④ 帰家祭
仮霊舎に遺骨と霊璽を安置し、順を追って玉串奉奠を行う。

↓

⑤ 直会の儀
斎主、斎員、親族、会葬者を酒食でねぎらう。

キリスト教式

キリスト教式では、神父または牧師と事前に炉前でどのような儀式を行うか、献花を行うかなどを相談しておきましょう。
仏式の還骨法要にあたる儀式はないので、収骨後には手伝ってくれた人への慰労として茶話会を行うこともあります。火葬後に帰宅したらそのまま安置します。

① 最期の祈り

カトリック
神父による祈祷、聖歌斉唱など。神父がいない場合、聖書朗読後に聖歌斉唱するだけのケースもある。

プロテスタント
賛美歌斉唱、牧師による祈祷、献花などを行う（⇨ P74）。

↓

② 火葬・収骨
収骨は、仏式とちがい、1人ずつ順番にお骨を骨壺に入れていく。

↓

③ 茶話会
お酒は出さず、茶菓子でもてなす。

※上記の流れは一部省略したもの。また、地域や宗派によって内容が異なる。

Column 2

知っておきたい互助会のシステム

●追加費用が必要になるケースが多い

モデルケース Aさんの父は、互助会の会員として10年間積み立てしていた。父の死後、積み立て分で葬儀費用がまかなえると思っていたが、追加で100万円近く支払うことになった。

互助会は会員になって一定額を契約期間払い込み、葬儀費用の前払い分として差し引きするシステムです。月々の支払いは２千～３千円となっていることが多く、負担になりにくい額なのが特徴です。

しかし、月々の支払いが３千円だったとしたら、10年間払い続けても36万円にしかなりません。一般的に葬儀費用はお布施を含めて160万円（全国平均）ほどかかることを考えると、金銭的に足りないことは最初から明確です。加入する場合は、システムの内容をよく理解しておく必要があります。

●掛け金の全額返金は難しい

モデルケース Bさんは、母が亡くなってから生前互助会に入っていたことを知った。お葬式を別会社で済ませてしまったので、掛け金の払い戻しを請求したが全額は戻ってこなかった。

互助会は満期になる前でも途中解約ができますが、たいていは規定の手数料を差し引かれた額が払い戻されます。手数料の額は契約内容によるため、解約するにあたっては、最初の契約がどのようになっているか確認する必要があります。

会社によっては、積み立て何回目までは「払い戻しなし」という規約がある場合や、現金でなく仏具などで精算してほしいと要求してくる場合もあります。

第3章

葬儀後の事務処理・あいさつ・諸手続き

葬儀後に必要となる諸手続き 一覧表

葬儀後にはさまざまな手続きが必要になります。期限が設けられているものもあるので、手続きが必要か確認しておくことをおすすめします。手続きの詳細は各窓口にご確認ください。

名義変更 (⇨ P96, 97)

手続き	期限	窓口
世帯主変更届け	死亡日から14日以内	住民票のある市区町村役場
電気、ガス、水道、NHK（受信料）	すみやかに	各営業所（電話で済む場合もある）
電話、通信関係	すみやかに	各営業所
自動車	すみやかに	陸運局
公団・公営・民間賃貸住宅、借地	すみやかに	各営業所、家主、地主

身分証の返却と解約手続き (⇨ P98, 99)

手続き	期限	窓口
国民健康保険被保険者証 後期高齢者医療被保険者証 介護保険被保険者証	すみやかに	住民票のある市区町村役場
運転免許証	すみやかに	最寄りの警察署
パスポート	すみやかに	各都道府県庁の旅券窓口（パスポートセンター）
クレジットカード・会員証	すみやかに	発行元（各カード会社）
印鑑登録証、マイナンバー、シルバーパスなど	すみやかに	市区町村役場

給付金の請求（⇨ P100～103）

手続き	期限	窓口
葬祭費（国民保険） 埋葬料・埋葬費（健康保険） 葬祭料・葬祭給付（労災保険）	２年以内	被保険者の住居地の市区町村役場（葬祭費） 勤務先の健康保険組合、または勤務先を管轄する年金事務所（埋葬料・埋葬費） 労働基準監督署（葬祭料・葬祭給付）
高額療養費の払い戻し	領収書の日付から２年以内	市区町村役場の健康保険課（国民健康保険・後期高齢者医療制度） 勤務先の健康保険組合、協会けんぽ支部または年金事務所の出張窓口（健康保険）

公的年金の手続き（⇨ P104～111）

手続き	期限	窓口
年金の受給停止	10日（国民年金は14日以内）	市町村役場（国民年金） 年金事務所（厚生年金） 共済組合（共済年金）
未支給年金の請求	すみやかに	
遺族給付の請求	５年以内（死亡一時金は２年以内）	

必要に応じて行う手続き（⇨ P112～115）

手続き	期限	窓口
死亡保険金の請求	原則として３年以内（保険会社により異なる）	各保険会社（簡易保険は郵便局）
準確定申告	４ヵ月以内	税務署

※「すみやかに」とされているものは、期限は設けられていないが早期の手続きが望ましいとされている。

葬儀事務の引き継ぎとあいさつ回り

◆葬儀事務は当日中に引き継ぐ

火葬後の精進《しょうじん》落としが済んだら、すみやかに世話役（受付係や会計係など）から事務を引き継ぎます。

香典と香典帳、芳名《ほうめい》帳（会葬者名簿）と参列者の名刺、供物《くもつ》帳、弔辞と弔電、出納帳と領収証や請求書などを受け取り、立て替え金があればその日のうちに精算を。とくに香典帳や出納帳といったお金に関係するものは、後でトラブルにならないよう、その場でしっかり確認しておくことが大事です。

◆支払いとあいさつ回り

宗教者への謝礼は、葬儀の翌日か翌々日に先方に出向いて渡すのが正式ですが、最近は通夜が終了した後に僧侶の控え室でお礼を述べて謝礼を渡す場合がほとんどです。葬儀社へは葬儀後に請求書が届いてから、振り込みまたは現金で支払います（⇩P88）。

あいさつ回りは初七日までに。喪主または遺族代表者が宗教者、世話役、お世話になった人のところに出向いてお礼を述べます。服装は、準礼装か地味な平服にしましょう。

引き継ぎ後の事務処理

香典・香典帳

香典帳の合計金額と現金を照合します。香典帳は、礼状や香典返しの品物を送るときや、先方に不幸があったときに必要となるので、大切に保管を。

香典の空き袋は香典返し（⇨P90）が済むまでは保管しておくのが安心です。

会葬できず、香典だけ送ってくれた人には、香典返しとお礼状を。

供物帳

住所、氏名、品物を確認します。供物や供花は香典に相当するもの。いただいた人には忌明け後に香典返しを送り、会葬できずに供物や供花だけを送ってくれた人にはお礼状も出します。会社や団体からの供物・香典にはお返しは不要です。

芳名帳・名刺

芳名帳は実際に葬儀に参列してくれた人の名前や住所を記したものなので、名刺と一緒に大切に保管します。氏名や全体の人数を確認する際に必要になります。大切に保管しましょう。

弔辞・弔電

弔辞の原稿や弔電は誰からのものかわかるようにして保管します。弔辞をお願いした人には可能であれば直接あいさつに伺うとていねいです。無理な場合は香典返しと一緒にお礼状を送りましょう。弔電を送ってくれた人にはお礼状を送ります。弔電を送ってくれた人への返礼品は不要です。

諸経費の精算

世話役やお手伝いの人などに、雑費やタクシー代、飲食代などを立て替えてもらうこともあります。忙しくて忘れていたり、少額だと言い出しにくかったりするので、こちらから確認してきちんと精算しましょう。また、仕出し屋や寿司屋、酒店などから請求書が届いたら、内容をチェックして早めに支払います。領収証がないものは、日付、金額、支払先を出納帳に記載を。

葬儀社への支払い・宗教者への謝礼

葬儀社、宗教者への支払いは、まとまった額のお金なので、前もって用意しておきたいものです。故人名義の口座は金融機関が死亡の事実を知った時点で、凍結されるので注意しましょう（⇨ P116）。

葬儀社への支払い

葬儀社から請求書が届いたら、見積書および明細書を照らし合わせながら内容にまちがいがないかチェックをします。不明点があれば支払い前に問い合わせをします。支払いに期限が設けられている場合もあるので、すみやかに処理しましょう。

宗教者への謝礼

通夜の終了後に渡すことがほとんどです。相続財産から控除できるので、領収証を受け取っておきましょう。おつき合いが深い菩提寺などで、後日あいさつ回りの際に持参する場合は、その旨を事前に伝えておきましょう。※謝礼の包み方（⇨P41）

関係者へのあいさつ回り

宗教者

近年はお葬式の当日に謝礼を渡すため、お葬式後のあいさつ回りは割愛されることが多くなりました。ただしおつき合いの深い菩提寺の場合は、あいさつに伺ったほうがよいでしょう。

世話役

世話役代表や世話役へのお礼は、精進落としをふるまうことで済んでいますが、改めてお礼をすることも増えてきました。

世話役には5千～1万円、世話役代表には1万～2万円が目安です。現金は白無地封筒に包み、表書きは「御礼」とします。目上の人の場合は、現金ではなく品物を用意しましょう。葬儀当日に「御車代」としてお礼に代える場合もあります。

勤務先

故人が会社に勤めていた場合は、勤務先に事務手続きをかねてあいさつに行きます。事前に電話を入れ、手続きに必要な書類、持ち物を確認して、先方の都合のよい日に出向きます。上司やお世話になった方にていねいにお礼を述べ、私物を引き取ります。菓子折りを持参するとよいでしょう。

ご近所

自宅でお葬式を行った場合は、ご近所になるべく早めに出向いて、お世話になったお礼やお詫びの気持ちを伝えます。お手伝いを頼んだ人には、お礼として2千～3千円分の品物（菓子折り、タオル、ビール券など）を渡すとよいでしょう。

香典返しをする

◆香典へのお礼は品物で

会葬者からの香典には、本来お返しをしなくてもよいものでしたが、現代では「香典返し」として品物を送って、感謝の意を示すのが一般的になっています。四十九日の後、忌明けのあいさつ状を添えて品物を送ります。弔辞をお願いした人や故人がとくにお世話になった人には、直接あいさつに伺って渡すとていねいです。

品物は香典の金額の3～5割程度を目安に選びましょう。

香典返しの品物

香典返しは「半返し」が基本とされていますが、実際は配送費用もかかるため、香典の３～５割程度の額の食品や実用品を送るのが一般的です。最近は葬儀社が用意するカタログを渡し、その中から品物を選んでもらうシステムを利用するケースが増えています。

◆仏式は即日返しが増加

通夜や葬儀の当日に香典返しを渡す「即日返し」が多くなってきています。香典の額にかかわらず、2千～3千円の品物を一律に渡すため、品物を選んで個別に配送する手間が省けます。ただし、多額の香典をもらった人には返礼が不十分なので、後日あらためて相応の品物を送る必要があります。

神式 三十日祭または五十日祭の後に、忌明けのあいさつ状を添えて御神饌料の返礼品を送ります。

キリスト教式 1ヵ月後の召天記念日に納骨を済ませ、あいさつ状と故人を記念する品を送ることが多いようです。

香典返しの表書きとあいさつ状

香典返しの品物には、弔事用のし紙をかけます。表書きは宗教を問わない「志《こころざし》」がよく用いられます。水引は「黒白の結び切り」が基本ですが、地域によっては「黄白」を用いる場合もあります。

あいさつ状の内容は、会葬のお礼、忌明けの報告、香典返しについて記します。葬儀社やデパートにサンプル書式があるので、活用しましょう。

謹啓
先般　父※故人の名前儀　永眠の際には、ご丁重なご弔詞ならびに
ご芳志を賜りまして、ありがたく御礼申し上げます
お蔭をもちまして本日
※故人の戒名
の四十九日忌法要を相営みました
つきましては、供養のしるしに心ばかりの品をお送りいたします
何卒ご受納賜りたくお願い申し上げます
略儀ながら書中を持ちまして、謹んでご挨拶申し上げます
敬白
令和○年○月○日
※喪主の氏名

葬儀後の諸手続きを行う

◆手続きは順番を決めて効率よく

葬儀後は、すみやかに行わなければならない手続きが数多くあります。

すべての手続きを一度にやろうとせずに、「葬儀後の諸手続き一覧表（⇩P84）」の期限を目安に、やるべき順番を決め、あせらずに一つひとつこなしていきます。

手続きにはさまざまな書類が必要になります。忙しい場合や遠方で取りに行けないときは、代理人に申請を依頼したり、郵送で取り寄せたりして、効率よく行いましょう。

葬儀後に行う諸手続き

葬儀後に行う諸手続きは、大きく6つに分けることができます。

① 名義変更
住民票、電気、ガス、水道など（⇨ P96、97）

② 身分証の返却・解約の手続き
運転免許証や保険証、パスポートなど（⇨ P98、99）

③ 給付金の請求
葬祭費、埋葬料、高額療養費など（⇨ P100～103）

④ 公的年金の手続き
年金停止、遺族給付、死亡一時金の請求など（⇨ P104～111）

⑤ 必要に応じて行う手続き
死亡保険金の請求、準確定申告など（⇨ P112～115）

⑥ 相続確定後に行う名義変更の手続き
預貯金、不動産、有価証券など（⇨ P196～201）

使用頻度の高い書類

住民票、印鑑証明書、戸籍謄本《とうほん》、除籍謄本は、さまざまな手続きの際に提出する書類です。必要な枚数を調べておき、まとめて申請すると手間が省けます。請求書は各市区町村の役場で手に入りますが、ホームページからダウンロードできる場合もあります。

住民票

現在、どこに住んでいるのかを証明するもので、世帯全員が記載されている「謄本」と世帯員の一部が記載されている「抄本《しょうほん》」の2 種類があります。遺族年金の申請、自動車の名義変更や不動産の所有権の移転、社会保険加入者に支給される葬祭費や埋葬料の請求などに必要です。

住所地の市区町村の役場で取得できます。住所地以外でもマイナンバーカードや運転免許証などで請求できますが、この場合は本籍や筆頭者の記載はありません。1通300円前後。

住民票の写し等交付請求書兼申出書
①どなたの証明が必要ですか
住所
氏名
住民票 世帯全員 通
世帯の一部 通
住民票記載事項証明書 通
本籍・続柄の表示は必要ですか
本籍 □必要 □不要
続柄 □必要 □不要
②使用目的
□公的年金申請 年金の種類：
□健康保険加入申請
□その他
③証明書を使う方
□①と同じ
□その他 ①との関係（ ）
④窓口に来た方

住民票の写し等交付請求書兼申出書（見本）

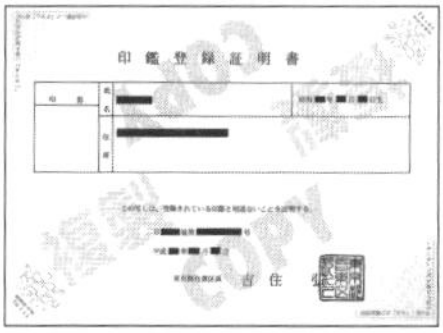
印鑑登録証明書
氏名 [redacted]
住所 [redacted]
COPY

印鑑登録証明書（見本）

印鑑登録証明書

その印鑑が本人が登録している実印であること証明するものです。各金融機関の手続き、不動産所有権の移転、株券や債券の名義変更、自動車の名義変更、生命保険の死亡保険金の請求、遺産分割協議書の作成、相続税の申告などに必要です。金融機関の手続きで提出する場合は、「3ヵ月以内に発行されたもの」という有効期限が設けられています。

印鑑登録証を市区町村の役場に提出し、交付してもらいます。1通300円前後。

戸籍謄本（戸籍全部事項証明書）

戸籍原本に記載されている全員の情報を写したもので、除籍された人も含みます。相続税の申告、遺族年金の申請、郵便局の簡易保険の申請、葬祭費（国民健康保険）や埋葬料（健康保険）の請求、各金融機関での手続き、電話や自動車の名義変更、不動産の所有権の移転などに必要です。

本人、配偶者および直系の親族が請求できます。代理人が請求する場合は委任状が必要です。１通450円。

除籍謄本（除籍全部事項証明書）

死亡、婚姻、離婚、転籍などにより、戸籍内の全員が抜けた状態の戸籍を「除籍」といい、そこに記載されている全員の情報を写したものをいいます。生命保険や簡易保険の死亡保険金の請求、各金融機関での手続き、電話や自動車の名義変更、故人が会社役員であった場合の役員の登記変更などに必要です。

請求できる人は戸籍謄本と同じ。代理人が請求する場合は委任状が必要。１通750円。

Tips 出生から死亡までのつながった戸籍を確認する

故人の銀行預金の受け取りや不動産の名義変更など、相続手続きを進める前に相続人を特定しなければいけません。

しかし、本籍を他所に移す（転籍する）と、すでに死亡や婚姻によって除籍になっている人は新しい戸籍には記載されず、相続人の特定ができません。そのため、故人の出生から死亡までのつながった戸籍が、相続人を特定するために必要となるのです。

戸籍を郵送で取り寄せる

相続人を特定するためには、故人のすべての戸籍を確認する必要があります。故人の死亡記載のある最後の戸籍を取得し、最後の戸籍からひとつ前の戸籍を読み取って取り寄せます。これを繰り返し、故人の出生の記載のある戸籍までさかのぼります。

戸籍関係の証明書は、本籍地の市区町村の役場でしか交付してもらえません。遠距離の場合は、郵送で申請をします。申請方法や手数料は、市区町村のホームページに掲載されていますが、わからないときは役場に直接電話で問い合わせましょう。代理人(同一戸籍以外の人）が請求する場合は、委任状が必要です。

戸籍を郵送で取り寄せる手順

① 請求書の作成

市区町村のホームページからダウンロードした請求書、または便せんに、必要とする人の本籍地、筆頭者の氏名、請求理由、必要な証明書の種類と通数、請求者の住所、氏名、電話番号などの必要事項を記入する。

↓

② 必要書類の準備

必要書類

- 請求書
- 本人確認書類のコピー
  （運転免許証、マイナンバーカード、健康保険証など）
- 発行手数料分の定額小為替
  （郵便局で購入する）
- 返信用封筒
  （請求者の住所、名前を書いて切手を貼る）

↓

③ 市区町村の役場に郵送

↓

④ 戸籍の返送（交付）

必要書類に不備がなければ、約1週間で返送（交付）される。

名義変更を行う

◆葬儀後の名義変更

名義変更には、葬儀後に行うものと遺産分割協議が確定してから行うもの（⇩P196）があります。

世帯主変更の手続きは、死後14日以内に行います。電気・ガス・水道などのライフラインや通信関係なども、早めに各営業所に申し出て名義変更、もしくは解約の手続きを行いましょう。料金などを故人名義の口座から口座振替していた場合は、振替口座の変更手続きも同時にしておきます。死亡によって故人の口座が凍結されると、振替ができなくなるので注意しましょう。

預貯金、不動産、有価証券、自動車などの故人の財産（遺産）や住居の賃借権は相続財産であり、相続人全員の共有財産となります。そのため、これらの名義変更は、だれが相続するか決定した後で行います。

なお、電話加入権は相続財産ですが、妻や子などが承継することがほとんどで、必要書類が用意できれば、すぐに名義変更ができるようになっています。

世帯主の変更

世帯主が亡くなったときは、死亡した日から 14 日以内に住民票のある市区町村の役場に「世帯主変更届」を提出します。ただし、残された世帯員が妻だけなど、新しい世帯主が明らかなときは、「死亡届」の提出だけで自動的に世帯主が変更されるので、届け出は必要ありません。

必要書類 ● 世帯主変更届（住民異動届） ● 本人確認書類
※国民健康保険証や年金手帳が必要な市区町村もある。

その他の名義変更

電気・ガス・水道・NHK(受信料)

故人の口座が凍結されると、口座から料金の自動引き落としができなくなります。早めにそれぞれの営業所に電話で申し出て、名義変更と振替口座の変更、あるいは解約の手続きを行います。

必要書類

- 名義変更届

※電話で済むこともある。

自動車

相続人確定後に、陸運局・運輸支局事務所で名義変更（移転登録）の手続きをします。死後 15 日以内に手続きをするとされていますが、遅れても罰則はありません。

必要書類

- 移転登録申請書
- 自動車検査証
- 故人や相続人の戸籍謄本
- 遺産分割協議書
- 相続人の印鑑証明書

電話・通信関係

最寄りの営業所の窓口で手続きを行います。電話加入権を相続権のない人へ名義変更する場合は「譲渡」の手続きになります。

携帯電話、インターネットなども名義変更や解約の手続きが必要です。

必要書類

- 電話加入権等承継届出書
- 戸籍謄本
（死亡の事実が確認できて、故人と相続人の両方の名前が記載されているもの）

住居の賃貸契約

民間の賃貸住宅は管理不動産会社または家主へ、公団・公営住宅は管理営業所へ、借地は地主に連絡して名義変更を行います。

必要書類

- 名義承継願
- 戸籍謄本
- 住民票
- 所得証明書
- 印鑑証明書

身分証の返却と解約手続き

◆身分証返却と各種手続き

故人の健康保険証、国民健康被保険者証、後期高齢者医療被保険者証、介護保険被保険者証は、それぞれの市町村役場にすみやかに返却します。

同時に、埋葬料（葬祭費）を受け取る手続きや、年金受給停止の手続き、遺族年金の請求手続きなども行うとよいでしょう。

また、携帯電話、クレジットカード、スポーツクラブ、サブスクなど、会費や使用料が発生するものは、できるだけ早く解約します。

◆国民健康保険への加入手続き

故人が健康保険加入者の場合、保険証は勤務先に返却します。なお被扶養家族は死亡日の翌日から被扶養者の資格を失ってしまうので、なるべく早く国民健康保険に加入する必要があります。

国民健康保険加入の手続きは、死亡日の翌日から14日以内に行います。手続きが遅れると、医療費が自己負担となるだけでなく、さかのぼって保険料の支払いを求められることがあります。

返却・解約

後期高齢者医療被保険者証

故人が後期高齢者医療の被保険者の場合は、すみやかに被保険者証を市区町村の役場に返却し、資格喪失届を提出します。保険料の精算（支払いまたは還付）は相続人が行います。

必要書類 ●資格喪失届
●後期高齢者医療被保険者証

介護保険被保険者証

死後すみやかに介護保険被保険証を市区町村役場の窓口に返却し、資格喪失届を提出します。介護保険料は月割りで再計算され、未納保険料がある場合は相続人が納付し、納めすぎの場合は相続人に還付されます。

必要書類 ●資格喪失届
●介護保険被保険者証

運転免許証

更新手続きをしなければ自動的に無効となりますが、原則として警察（公安委員会）に返却の手続きを行うことになっています。期限はありませんが、早めに行いましょう。

必要書類 ●運転免許証
●死亡診断書または死亡の記載がある戸籍謄本

パスポート

住民票がある都道府県の旅券窓口（パスポートセンター）に返却します。希望すれば使用できないように処理をして、返してもらうこともできます。旅券法の一部改正により、市区町村の役場が窓口となる自治体もあります。

クレジットカード・会員証

クレジットカードや各種会員証は、発行元に連絡をして解約・退会の手続きを行います。そのままにしておくと、年会費の請求が来る場合もあるので、早めに手続きをしましょう。

その他

印鑑登録証、マイナンバーカード、福祉乗車証（シルバーパスなど）は、市区町村役場にすみやかに返却します。会社の身分証明書、調理師免許証も発行元に返却しましょう。

葬儀費用・医療費の給付を受ける

◆国民健康保険の葬祭費

故人が国民健康保険、または後期高齢者医療制度の被保険者だった場合、お葬式を行った人はその費用として「葬祭費」を受け取ることができます（自治体によって呼び名が異なる）。

支給される金額は市区町村によって差があり、2万〜8万円程度です。必要書類を揃えて、市区町村の担当窓口に申請しましょう。

◆健康保険の埋葬料・埋葬費を受け取る

健康保険（全国健康保険協会、健康保険組合、共済組合など国民健康保険以外の医療制度）に故人が加入していた場合は、「埋葬料」として5万円が支給されます。同居家族などがいない場合には、「埋葬費」として実費（5万円が上限）が支給されます。

なお、業務上災害や通勤災害で死亡した場合は、労災保険（葬祭料）の取り扱いとなります。

葬儀費用の給付の申請

葬祭費や埋葬料は、申請しないと受け取れません。申請期間は死亡日の翌日から２年以内です。給付金は、申請日の２～３週間後に指定口座に振り込まれます。現金で支給する市区町村もあります。

葬祭費（国民健康保険）

故人が国民健康保険か後期高齢者医療制度の被保険者の場合、葬儀費用として葬祭費（埋葬費、葬祭の給付とも呼ぶ）を受け取ることができます。申請は市区町村役場の国民健康保険課または後期高齢者医療課。

市区町村によって「埋葬費」「葬祭の給付」などと呼び名が異なり、給付される金額も異なります。

必要書類

- 葬祭費支給申請書
- 保険証

※喪主を確認するため、会葬礼状や葬儀社の領収証が必要な場合もある。

葬祭料・葬祭給付

業務上災害で死亡した場合は労災保険から「葬祭料」が、通勤災害で死亡した場合は「葬祭給付」が支払われます。申請先は労働基準監督署になります。

必要書類

- 葬祭料または葬祭給付請求書
- 死亡診断書
- 除籍の記載がある戸籍謄本など

埋葬料（健康保険）

葬儀を執り行った家族には、埋葬料として一律５万円が支給されます。勤務先の健康保険組合または勤務先を管轄する年金事務所に申請します。

生計維持関係にない人が葬儀を行った場合は、その人に５万円を上限とした実費が「埋葬費」として支払われます。埋葬料のほかに、付加給付金を支給する健康保険組合もあります。

必要書類

- 健康保険埋葬料（費）請求書
- 健康保険証
- 埋葬許可証または死亡診断書（死亡届）のコピー
- 葬儀費用領収証（埋葬費を申請する場合）

恩給受給者の葬儀費用

旧軍人・軍属であった人が、公務により負傷または疾病にかかって障害を持った場合、戦傷病者特別援護法に基づいて戦傷病者手帳が交付されます。亡くなった際に一定の条件を満たしていれば、戦傷病者遺族用の葬祭費を受け取ることができます。

自己負担限度額

国民健康保険、後期高齢者医療制度、健康保険の加入者である場合、1ヵ月の医療費の自己負担金が高額となり、一定額（自己負担限度額）を超えたときは「高額療養費」として、その超えた額の払い戻しを受けることができます。

該当者には、保険者から払い戻しの案内が届いたり、自動的に指定口座に高額療養費が振り込まれたりすることもありますが、加入者自身も医療費をチェックしましょう。

医療費の自己負担限度額は、治療を受けた人の年齢や所得によって異なります。同一世帯で1年間（直近12ヵ月）に3回以上高額療養費の支給を受けている場合は、4回目からは下記の表にあるように自己負担限度額は減額され、定額となります。

なお、入院時の食事代、差額ベッド代など、保険適用外の費用は自己負担金に含まれません。

Tips 自己負担金は、月ごと、受診者ごと、病院ごと（医科・歯科別、外来・入院別）に計算します。それぞれの自己負担金が限度額に達しないときは、同一世帯で世帯合算ができます。合算方法については、役場や健康保険組合などに問い合わせるか、それぞれのホームページで確認するとよいでしょう。

医療費の自己負担限度額（70歳未満の場合）

所得区分	自己負担限度額（月額）	多数回該当
区分ア（旧ただし書き所得901万円超）（標準報酬月額83万円以上）	252600円+(総医療費−842000円)×1%	140100円
区分イ（600万円超901万円以下）（標準報酬月額53〜79万円）	167400円+(総医療費−558000円)×1%	93000円
区分ウ（210万円超600万円以下）（標準報酬月額28〜50万円）	80100円+(総医療費−267000円)×1%	44400円
区分エ（210万円以下）（標準報酬月額26万円以下）	57600円	44400円
区分オ（低所得者・住民税非課税世帯）	35400円	24600円

※旧ただし書き所得…各被保険者の総所得金額などから基礎控除額（33万円）を差し引いた額の合計。

※健康保険加入者は、住民税が非課税であっても標準報酬月額が「区分ア」または「区分イ」の場合には、それぞれ「区分ア」または「区分イ」の該当となる。

高額医療費の払い戻し申請

高額療養費の申請は、毎回しなくてはいけない場合、初回のみで２回目以降は自動的に口座に振り込まれる場合、申請をしなくても口座に振り込まれる場合があります。

口座に振り込まれる場合は、かならず振り込みの確認をします。振り込まれない場合は、忘れずに申請をしましょう。

Tips 医療費が高額になることが事前にわかっている場合には、あらかじめ発行してもらった「限度額適用認定証」を提示すると、窓口での支払いが自己負担限度額までになります。

国民健康保険
後期高齢者医療制度

高額療養費の該当者に、受診した２～３ヵ月後に高額療養費の払い戻しの通知を出す場合が多いようです。通知を受け取ったら市区町村役場の窓口または郵送で申請を行います。

２回目以降は、自動的に口座に振り込んでくれる自治体もあります。

必要書類

- 高額療養費支給申請書
- 保険証
- 医療機関発行の領収証

健康保険

病院から送られてくる診療報酬明細書をもとに計算し、自動的にお金が指定口座に振り込まれることが多いようです。必要があれば、勤務先の健康保険組合または年金事務所に申請します。申請期限は診療月の翌月1日から２年。

組合によっては、付加給付金が支給されることもあります。

必要書類

- 高額療養費支給申請書
- 保険証
- 医療機関発行の領収証

故人の公的年金の手続き

◆故人の年金の受給を停止する

故人が国民年金や厚生年金を受け取っていた場合、すみやかに受給を停止する手続きを行います。手続きをしないで受け取り続けた場合は、死亡の事実がわかった時点で、全額を一括返済しなければなりません。

手続きは、年金事務所などで行いますが、近くにないときは「ねんきんダイヤル（左ページ参照）」に連絡するのがおすすめです。必要書類を郵送してくれるので、手間をかけずに手続きができます。

◆未支給年金の請求も一緒に行う

年金は、死亡した月の分まで受け取ることができます。しかし、亡くなった人はその年金を受け取ることができないため、「未支給年金」という名目で、遺族が受け取ることになっています。

未支給年金を請求できるのは、故人と生計を同じくしていた遺族（配偶者、子、父母、孫、祖父母、兄弟姉妹、その他の順）です。未支給年金の請求は、年金停止の手続きと一緒に行います。

年金の受給停止・未支給金請求の手続き

年金の受給停止

故人の年金が、厚生年金なら10日以内に、国民年金なら14日以内に、年金事務所または年金相談センターで受給停止の手続きを行います。障害基礎年金、遺族基礎年金のみを受けていた場合は、市区町村役場で行います。

「年金受給権者死亡届」は、未支給年金を請求する「未支給年金請求書」と同一の複写式の用紙になっているので、両方の手続きが同時にできます。

必要書類

- 年金受給権者死亡届
- 故人の年金証書
- 死亡を明らかにできる書類（戸籍抄本、住民票の除票など）

未支給年金の請求の手続き

年金は2ヵ月ごとに支払われます。翌月または翌々月に支払われるはずだった故人の年金（未支給年金）の請求をします。「未支給年金請求書」（年金受給権者死亡届付き）は、市区町村役場の国民年金窓口でも手に入ります。

必要書類

- 未支給金請求書
- 身分がわかる書類（戸籍抄本など）
- 生計を同じくしていたことがわかる書類（住民票など）
- 請求者名義の預金通帳

Tips ねんきんダイヤルを上手に利用する

年金事務所の電話は混み合って、かかりにくいことがあります。年金に関してわからないことがあるときは、まずは「ねんきんダイヤル」に問い合わせるとよいでしょう。

「ねんきんダイヤル」では、故人の名前、基礎年金番号または年金証書番号、死亡日などを伝えれば、手続きに必要な書類や手続きの仕方を示した書類を郵送してくれます。指示された書類を年金事務所に返送すれば、手続きは完了します。

- ねんきんダイヤル　☎0570-05-1165
〈受付時間〉月～金：8:30～17:15（月曜日は19:00まで）
第2土曜日：9:30～16:00

公的年金の遺族給付の請求

◆3つの公的年金と遺族給付

公的年金には、20歳以上60歳未満の全国民が加入する「国民年金」、会社に勤める人が加入する「厚生年金」、公務員などが加入する「共済年金」があります。それぞれに加入者が死亡した場合に遺族が受給できる「遺族給付」があります。

故人が年金加入者で、一定の条件（受給要件）を満たしていた場合、遺族は遺族給付を請求できます。

遺族給付には、いくつか種類があり、故人が加入していた年金や遺族の状況（子の有無など）により、受け取れる給付は異なります。

また、遺族給付の種類によって手続きに必要な書類や申請先も異なりますので、あらかじめ市区町村や年金事務所、ねんきんダイヤル（⇩P105）に問い合わせることが大事です。

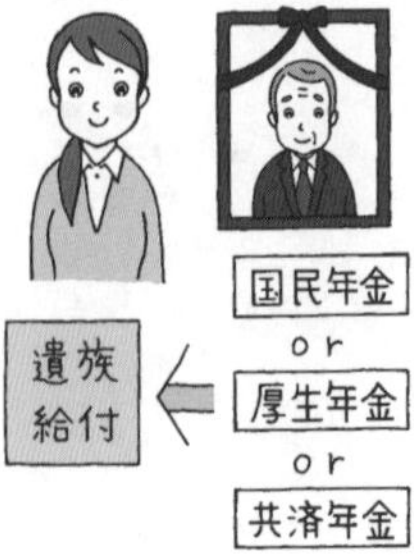

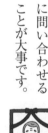

遺族給付の種類

故人が国民年金の被保険者であった場合、遺族は給付金として「遺族基礎年金」「寡婦年金」「死亡一時金」のいずれかを受給できます。

厚生年金の被保険者だった場合は、遺族厚生年金に加え、「遺族基礎年金」または「中高年寡婦加算」が受給できることもあります。国民年金基金や企業年金に加入していた場合は、「遺族一時金」または「遺族給付金」が支払われます。

故人の年金の種類	遺族	受給できる給付
国民年金被保険者 （国民年金第１号被保険者） ※老齢基礎年金の受給資格を持つ人も同じ（*A）	子のある配偶者または子	遺族基礎年金
	子がいない妻（*B）	寡婦年金
	その他の遺族（*C）	死亡一時金
老齢基礎年金受給者	子のある配偶者または子	遺族基礎年金
	その他の遺族	なし
厚生年金被保険者 （国民年金第２号被保険者） ※共済年金被保険者も同じ（*D）	子のある配偶者または子	遺族基礎年金＋遺族厚生年金
	子がいない妻	中高齢寡婦加算（*F）＋遺族厚生年金（*G）
老齢厚生年金受給者 ※特別支給の老齢厚生年金受給者も同じ（* E）	子	遺族基礎年金＋遺族厚生年金
	その他の遺族	遺族厚生年金
厚生年金被保険者の扶養配偶者 （国民年金第３号被保険者）	—	なし

＊A　老齢基礎年金の受給資格を持っている60〜65歳までの人で、給付を受けていない人。
＊B　夫の国民年金納付年数が25年以上で婚姻期間が10年以上の場合。
＊C　配偶者の国民年金納付年数が3年以上の場合。
＊D　共済年金は厚生年金に準ずる。
＊E　給付開始時期（規定は65歳から）を特別にくり上げたりくり下げたりして給付を受けている人。
＊F　年齢制限あり（夫の死亡時に40歳以上であること、など）。
＊G　子がいない30歳未満の妻は5年の有期年金。

◆国民年金の遺族給付は3種から

故人が国民年金のみに加入していた場合（自営業などの第1号被保険者）は、「遺族基礎年金」「寡婦年金」「死亡一時金」のうち、いずれかひとつが支給されることがあります。

遺族基礎年金は、配偶者と18歳の3月末までの子（障害がある場合は20歳未満の子）のための年金で、それ以降は受け取れません。寡婦年金は、60～65歳の妻が対象です。

死亡一時金は、生計を同じくしていた配偶者、子、父母、孫、祖父母、兄弟姉妹（優先順）が受け取れます。遺族基礎年金または寡婦年金を受給する場合は、死亡一時金は受け取れません。

国民年金から受給できる遺族給付

申請先は市区町村の役場の国民年金課になります。遺族厚生年金も受給する場合は、年金事務所で申請します。

遺族基礎年金

国民年金の被保険者、または老齢基礎年金の受給資格を満たしている人などが死亡した場合に、故人によって生計を維持されていた「子のある配偶者」または子のある配偶者がいない場合はその「子」に支給。

●受給要件（下記のいずれにもあてはまること）

①子の年齢が18歳の3月末まで（障害等級１級または２級の場合は20歳未満）であること。それを超えると（障害がある子は20歳以上）、支給は停止する。
②故人の保険料の納付済期間（免除期間含む）が加入期間の３分の２以上あること。
※②の納付要件に満たない場合でも、死亡が65歳未満で死亡月の前々月までの１年に保険料の滞納がなければ受給できる（2026年４月1日前までに亡くなった場合）。

●支給額（2023年度4月分から／年額）

子のある配偶者が受給＝795,000円（昭和31年4月1日以前生まれの人は792,600円）＋子の加算
子の加算：1人目・2人目の子 各228,700円、3人目以降の子 各76,200円
子が受給＝795,000円＋（2人目以降の子の加算）

寡婦年金

夫を亡くした妻が、60歳から65歳までの5年間受け取れる年金です。仮に64歳で受給資格を得た場合、支給されるのは65歳になるまでの1年未満。死亡一時金のほうが多く受け取れる場合は、死亡一時金を選択してもかまいません。申請期限は、死亡日の翌日から5年以内です。

●受給要件（下記のいずれにもあてはまること）

①国民年金第1号被保険者として保険料を納めた期間（免除期間を含む）が10年以上あり、老齢基礎年金や障害基礎年金を受給せずに死亡した人の妻。

②夫に生計を維持されていて、婚姻期間が10年以上ある。

③夫の死亡後、再婚していない（事実婚含む）。

④妻が繰り上げ支給の老齢基礎年金を受けていない。

●支給額（2023年度）

死亡した夫が受給できたはずの老齢基礎年金の4分の3

例）夫が保険料を全期間である40年のうち25年に渡り納付していた場合

2023年4月以降の老齢基礎年金満額：795,000円

795,000円×（25年／40年）×3/4=372,656円（小数点以下四捨五入）

死亡一時金

故人と生計を同じくしていた遺族が受給でき、配偶者、子、父母、孫、祖父母、兄弟姉妹の順に優先権があります。遺族基礎年金、寡婦年金などを受給する場合は、支給されません。ひとつを選択します。支給額は、保険料の納付期間によって異なります。死亡一時金は、死亡日の翌日から2年以内で。

●受給要件

故人が国民年金第1被保険者として保険料を3年以上納めていて、老齢基礎年金も障害基礎年金も受給していないこと。

●支給額（2023年度）

保険料の納付月数に応じて、120000〜320000円

必要書類

- 故人と請求者の年金手帳・基礎年金番号通知書
- 戸籍謄本（死亡年月日および死亡者と請求者の続柄が確認できるもの）
- 死亡者の住民票または除票（本籍や続柄などの記載があるもの）
- 請求者の世帯全員の住民票（本籍や続柄などの記載があるもの）
- 請求者の所得を証明する書類（マイナンバーで省略可能）
- 死亡診断書（死亡届）のコピー
- 請求者の預（貯）金通帳

※受給する遺族給付によって別途必要な書類があるので、申請先に確認する。

◆遺族給付を受け取れる場合

厚生年金に加入していたことのある会社員や公務員（国民年金第2号被保険者）の遺族は、一定の条件を満たせば、遺族厚生年金と遺族基礎年金の2種類の遺族給付を受給することができます。

ただし、かつては妻の年齢や子の有無に関係なく終身で支給された遺族厚生年金が、現在では夫の死亡時に妻が30歳未満で子がないなどの場合、支給期間は5年間に短縮。中高齢の寡婦加算についても、以前は子がいない場合、夫の死亡時に妻が35歳以上であれば受け取れましたが、現在では40歳以上でなければ支給されません。

厚生年金から受給できる遺族給付

遺族厚生年金

故人が厚生年金に加入していた場合、故人によって生計を維持されていた遺族（①妻、②子、③夫、④父母、⑤孫、⑥祖父母の中で優先順位が高い人）に支給されます。ただし死亡時において、夫、父母、祖父母は55歳以上（支給は60歳から）、子や孫は18歳の3月末まで（障害のある場合は20歳未満）で未婚の場合。

●受給要件（下記のいずれかを満たしていること）

①厚生年金の被保険者が在職中に死亡した場合。
②厚生年金に加入中の傷病がもとで初診日から５年以内に死亡した場合。
③１級・２級の障害厚生年金を受けられる人が死亡した場合。
④老齢厚生年金の受給者、または受給資格を持つ人が死亡した場合。

●支給額（2023年度）

故人が受け取るはずだった老齢厚生年金の４分の３の金額。ただし、被保険期間が300月（25年）未満の場合は、300月とみなして支給されます。

中高齢の寡婦加算

遺族厚生年金を受給していて、遺族基礎年金を受け取れない妻（夫の死亡時に40歳以上であるなどの年齢制限あり）に、40歳から65歳になるまでの間加算されます。65歳以上になり、老齢基礎年金の支給が始まると中高齢の寡婦加算は停止されます。

ただし、昭和31年３月以前に生まれた妻の老齢基礎年金は低いので、生年月日に応じて「経過的寡婦加算」が老齢基礎年金に加算されます。

●受給要件（下記のいずれかを満たしていること）

①夫が亡くなった時に40歳以上65歳未満で、生計を同じくしている子（18歳の３月末まで、など）がいないこと。

②子が18歳の3月末（障害がある場合は20歳）に達して遺族基礎年金が支給されなくなったときに40歳以上の妻であること。

●支給額（2023年度）

中高齢の寡婦加算は、596,300円（年額）

必要書類

- 故人と請求者の年金手帳・年金証書
- 戸籍謄本（死亡年月日および死亡者と請求者の続柄が確認できるもの）
- 死亡者の住民票または除票（本籍や続柄などの記載があるもの）
- 請求者の世帯全員の住民票（本籍や続柄などの記載があるもの）
- 請求者の所得を証明する書類
- 死亡診断書のコピー
- 請求者の預（貯）金通帳等

※受給する遺族給付によって別途必要な書類があるので、申請先に確認する。

生命保険の死亡保険金の請求

◆請求手続きは2ヵ月以内に

生命保険には、生命保険会社の「生命保険」、郵便共済の「生命共済」、勤務先での「団体生命保険」などがあります。故人が生命保険に加入していた場合は、受取人を確認して死亡保険金請求の手続きを行います。請求しなければ、保険金は受け取れません。

請求の手続きは通常3年以内となっていますが、正当な理由があれば期限を過ぎても受け取れる場合があります。

死亡保険金の請求の流れ

① 被保険者が死亡

保険証券などで、死亡保険金や給付金の保障内容を確認。未請求の入院や手術などの給付金があれば、死亡保険金と合わせて請求を。

↓

② 生命保険会社に電話する

保険会社に、①保険証書番号、②被保険者の名前、③死亡した日時、④死因、⑤受取人の氏名などを伝え、「死亡保険金請求書」をもらう。

↓

③ 死亡保険金請求書、必要書類を提出

↓

④ 保険金を受け取る

書類に問題がなければ、約１週間程度で保険金が指定口座に振り込まれます。

死亡保険金の請求の手続き

死亡保険金の請求手続きに必要な書類は、請求先から案内があります。不備がないように確認して請求書と共に郵送します。

各保険の請求先

- 生命保険　➡各生命保険会社のサービスセンターやコールセンターなど
- 生命共済　➡各共済の窓口
- 団体生命保険　➡勤務先（または保険会社）
- 団体信用生命保険（住宅ローン）　➡借り入れ先の金融機関

必要書類

- 死亡保険金請求書
- 死亡診断書または死体検案書
- 故人の除籍抄本もしくは住民票除票
- 受取人の本人確認書類
- 受取人の振込口座番号　など

※請求先や亡くなった人、遺族の状況に応じて、上記以外の書類が必要な場合がある。

Tips 受取方法は、一時金型それとも年金型？

死亡保険金の受取方法には、「一時金型」と、全部または一部を分割で受け取る「年金型」、保険金を所定の利率で生命保険会社に据え置き、必要なときに払い出す「据え置き型」の3つから選べる場合があります。

一時金型で受け取る場合と年金型で受け取る場合とでは、受け取り総額やかかる税金の額が異なります。各受取方法について、税金のことも含めてメリット・デメリットを請求先によく確認してから選択しましょう。

故人の確定申告を行う（準確定申告）

◆準確定申告は4ヵ月以内に

確定申告の必要な人が死亡した場合、故人に代わって1月1日から死亡日までの所得を計算し、故人の住所地を所轄する税務署に申告します。これを「準確定申告」といいます。

申告期限は、相続の開始があったことを知った日の翌日から4ヵ月以内。故人が1月1日から3月15日までの間に確定申告を提出しないで死亡した場合は、前年分と本年分を前記の期限までに申告します。

準確定申告

故人が自営業の場合に行い、会社員の場合は、勤務先で行うので基本的に申告は必要ありません。ただし、故人の年収が2千万円を超える、給与以外の所得が20万円以上ある、医療費控除を受ける、住宅借入金特別控除を受けているなどの場合は、申告が必要です。所得税を納める場合、期限を過ぎると「加算税」や「延滞税」が生じるので注意しましょう。

必要書類

- 準確定申告書
- 死亡日までの決算書（会社員の場合は源泉徴収票）
- 医療費の領収証
- 生命保険・損害保険の領収証
- 相続人全員の印鑑
- 申告者の身分証明書

◆申告後の所得税も相続人が負担

準確定申告は相続人が行います。相続人が複数いる場合は、同一書類で連名で申告ができます。

準確定申告によって納付が必要になった故人の所得税は、相続人が支払います（還付される場合もあります）。相続人が複数いる場合は、相続分に応じた割合で負担します。負担額は、その相続人の相続財産から債務として控除されます。

準確定申告も、確定申告と同様に、医療費、社会保険料、生命保険料、損害保険料は所得税控除の対象になります。配偶者控除や扶養者控除なども該当すれば受けられます。

医療費控除

準確定申告において医療費控除の対象になるのは、死亡日までに支払った医療費です。死亡後に支払った医療費は対象にはなりません。ただし死亡後に相続人が支払った医療費は、相続税の申告の際に債務として控除できます。控除を受けるためには、その支払いを証明する領収証などを申告書に添付する必要があります。

医療費控除の対象になるもの

- 医師・歯科医師に支払った診療費や治療費
- 治療・療養に必要な医薬品の購入費
- 病院、診療所、介護老人保健施設などに支払った入院費や入所費
- 治療目的のあんま、はり、きゅうなどの施術費
- 療養上の世話をした保健師、看護師などの費用
- 介護保険制度の下で受けた施設・居宅サービスの自己負担額
- 医師の診療を受けるための通院費　など

Column 3

金融機関の口座が凍結されてしまったら？

●口座が凍結されるのはなぜ？

故人名義の預貯金は、名義人が死亡した時点で、故人の遺産として扱われます。金融機関は遺産保全のために口座凍結の措置を取り、これは遺産分割が確定するまで続きます。凍結中は、特別な手続きを踏まない限りは、相続人であったとしても引き出すことができなくなります。

●口座凍結後の注意点

口座が凍結されると、自動引き落としになっており公共料金なども引き落とせなくなるため、放置すると未払いの状態になってしまいます。公共料金の名義変更や解約は、遺産分割と関係なく手続きできるので、引き落とし期日までにかならず済ませておきましょう。

●口座の凍結を解除するためには

凍結された口座から預貯金を引き出すためには、遺産分割が確定した後で、必要な書類を用意して、金融機関で手続きを行います（⇨ P200）。ただし、遺産分割確定前に葬儀費用や生活費でどうしても預貯金が必要となる場合は、遺族の代表者が金融機関で手続きを行えば、通常は150万円を限度に引き出すことができるようになります。

手続きの仕方や必要書類は各金融機関により異なるので、まずは電話して相談してみるとよいでしょう。

第4章

法要・埋葬・日々の供養

忌《き》明《あ》けと法要の基礎知識

◆忌中と喪中

遺族が一定期間、故人の冥福を祈って喪に服すことを「忌服《きぶく》」といい、忌服期間を終えることを「忌明け」といいます。仏式では、四十九日までを「忌中《きちゅう》」、一周忌までを「喪中《もちゅう》」とすることが多いようです。

かつては、忌服期間中は極力外出や他人と会うことを控えるというしきたりもありましたが、現在は就業規則にある忌引期間に従って、最長でも10日程度で普段の生活に戻るのが一般的です。

法要一覧

のみ行うことが多いです。故人の魂が家を離れるとされる四十九日を忌明けとするのが一般的です。

神式

墓前祭	翌日祭	葬儀の翌日
	十日祭	死後10日目
	二十日祭	死後20日目
	三十日祭	死後30日目
	四十日祭	死後40日目
	五十日祭	死後50日目
	百日祭	死後100日目
式年祭	一年祭	死後1年目
	三年祭	死後3年目
	五年祭	死後5年目
	十年祭	死後10年目

キリスト教式

カトリック	追悼ミサ	死後3日目、7日目、30日目
	万霊節	毎年11月2日
プロテスタント	召天記念日	死後1ヵ月目
	記念式典	死後1年目

◆忌中・喪中に控えたいこと

忌服期間中は、故人の供養のために、控えたほうがよいことがいくつかあります。忌明けまでは、結婚式や祝賀会などの祝い事への参加は慎みましょう。忌明け以降であれば、喪中でも差し支えありません。ただし、祝い事の主催は控えましょう。

正月を迎えても、鏡餅、門松、しめ縄などの正月飾り、おせち料理で祝うことは控えます。初詣も控えます。また、喪中に年賀状は出しません。11月下旬から12月上旬に年賀欠礼状を出すようにします。

地域によってはほかにも慣習があるので、確認しておきましょう。

宗　教　別　の

忌服期間は、宗教により違います。仏式では、死後7日ごとに7週間法要を営むのが正式ですが、現在は初七日（くり上げ）、四十九日

仏式

忌日（きじつ）法要	初七日忌	死後7日目	葬儀当日にくり上げて行うことも多い。
	二七日忌	死後14日目	拝礼だけで済ませることが多い。五七忌を忌明けとするケースもある。
	三七日忌	死後21日目	
	四七日忌	死後28日目	
	五七日忌	死後35日目	
	七七日忌	死後49日目	四十九日。寺院などで法要を行うケースも多い。
	百か日忌	死後100日目	七七忌と合わせたり、遺族だけで行ったりすることが多い。
年忌（ねんき）法要	一周忌	死後1年目	一周忌と三回忌は、僧侶、親族、友人などを招いて行うことが多い。
	三回忌	死後満2年目の祥月命日	
	七回忌	死後満6年目の祥月命日	七回忌以降は遺族のみで行うことも多い。
	十三回忌	死後満12年目の祥月命日	
	十七回忌	死後満16年目の祥月命日	
	二十三回忌	死後満22年目の祥月命日	
	二十七回忌	死後満26年目の祥月命日	
	三十三回忌	死後満32年目の祥月命日	三十三回忌で弔い上げとすることが多い。

法要の準備をする

◆施主が指揮を取って準備を

お葬式の後は、いくつもの法要が控えています。近年はおもだった法要には僧侶を迎え、それ以外の法要は省略、あるいは遺族や親族だけで済ませるケースが増えています（⇩P118、宗教別の法要一覧）。

法要の主催者は「施主《せしゅ》」といいます。たいていは喪主になった人が施主となります。重要な法要を営む際は僧侶と相談して日程を決め、会場とお斎《とき》（会食）の手配をして、早めに参列者に案内しましょう。

四十九日法要までの流れ

四十九日は忌明けを迎える重要な法要なので、寺院や墓地の法要室を利用して行うのが一般的です。葬儀が終わったら、早めに準備にかかりましょう。

① 僧侶への依頼

菩提寺の僧侶と相談して、お葬式の時点で法要と納骨の日取りを決めておく。

↓

② 会場の手配

菩提寺、墓地の法要室を利用する。

↓

③ お斎の手配

まず会場を押さえ、全体の人数が把握できたら、料理や費用について内容をつめる。

↓

④ 法要の案内

人数を確定させるためにも、早めに連絡する。

法要の準備

日時・場所の決定

法要に該当する日が平日の場合は、参列者の都合を考え、該当日の前の週末や休日にくり上げるのが一般的です。会場は菩提寺や墓地の法要室、自宅などになります。

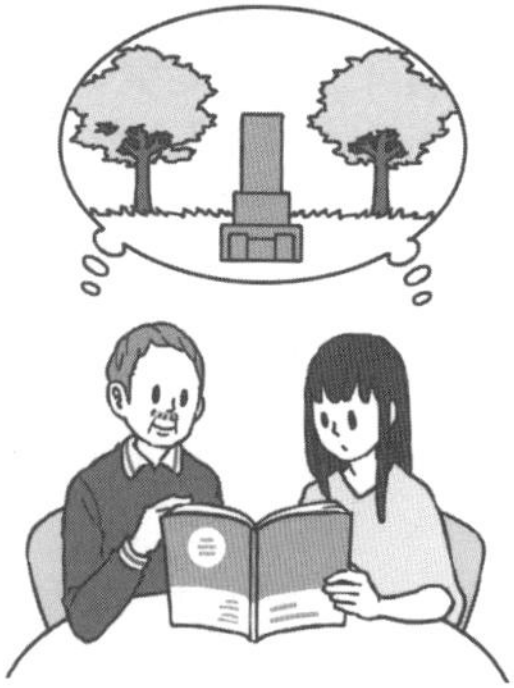

宗教者への依頼

菩提寺や僧侶の都合があるので、お葬式の後で速やかに依頼し、日時を相談します。できれば、施主が直接出向いて打ち合わせをすると安心です。また、宗派によっては卒塔婆《そとうば》供養の申し込みもします。僧侶がお斎に出席するかどうかも確認します。

Tips 菩提寺のない人の法要

●僧侶への依頼

仏名を授けてもらった寺院に頼むとよいでしょう。俗名でお葬式を行った場合でも、お葬式と同じ僧侶に葬儀社を通して依頼することができます。

●法要を行う場所

菩提寺で行うのが一般的ですが、菩提寺がなければ、墓地や霊園の法要室、自宅で行います。

法要の案内

法要の日時と場所が決まったら、おもに電話で参列者に案内します。案内状を郵送して出欠を取ることもあります。案内状はパソコンなどで自作してもよいでしょう。

四十九日法要の案内状の例

会葬と香典へのお礼、四十九日法要の案内（日時、場所）、施主の連絡先を記載します。

拝啓　※季節のあいさつの候、ますますご清祥のこととお慶び申し上げます。
　先般、父※故人の名前永眠の際には、わざわざご会葬くださり、またご丁重なるご芳志を賜りまして、厚く御礼申し上げます。
　来る○月○日は、※故人の戒名の四十九日忌にあたります。つきましては、左記のように法要を営み、亡父の霊を慰めたいと存じます。ご多用中恐縮でございますが、ご出席を賜りますようお願い申し上げます。

敬具

記

日時　○○月○○日（○）　午後○時
場所　○○寺　※開催場所の住所・電話番号
　法要後、粗宴をご用意致しております。○○寺より徒歩○分の○○で午後○時よりとなっております。

令和○年○月○日

※施主の住所、電話番号
※名前

ご出席（　名）
ご欠席

卒塔婆供養
　希望する
　希望しない

※お手数ですが、○月○日までに、ご返信賜りたくお願い申し上げます。

ご住所
ご芳名

※卒塔婆供養の項目の有無は宗派による。

引き物・お斎《とき》の手配

引き物・お斎の手配

参列者の人数が決まったら、法要のあとに配る引き物とお斎の手配をします。引き物は、日持ちのする食品が好まれます。

お斎の手配は法要後に料理店やホテルへ移動、あるいはケータリングや料亭などに宅配を注文します。法要もお斎も両方できる会場もあります。目安は、引き物は3千～5千円。お斎は5千～1万円（1人あたり）です。

僧侶への謝礼

僧侶へのお布施を用意します。卒塔婆供養を依頼する場合は「お塔婆料」も、また、自宅や会場まで出向いてもらった場合には「お車代」、お斎に参加しない場合には「お膳料」も用意します。それぞれ白い封筒に表書き（右図参照）をして、施主の氏名、あるいは家名を記入します。

お布施は、四十九日法要の金額にその後も準じるので、無理のない範囲で設定しましょう。目安はお布施は3万～5万円、お塔婆料は3千～1万円、お車代は5千円～1万円、お膳料は1万円です。

表書き

法要を営む

◆会場に合わせ法要の準備を

寺院で行う場合は、位牌、遺影、お布施などを持参します。納骨する場合は、遺骨も持っていきます。施主《せしゅ》と遺族は早めに会場に到着し、参列者を迎えます。

自宅の場合は、参列者が拝礼しやすい配置に気を配りましょう。きれいに掃除をした仏壇に仏飯や菓子、果物などを供え、僧侶が到着したら、茶菓でもてなします。

墓地の法要室などを利用する場合は、早めに会場入りして、会場の責任者と進行について確認しておきましょう。

◆法要での服装

施主や遺族は三回忌までは礼装を着用します。その後は、グレーか紺の平服でもよいでしょう。

＊複数の年忌《ねんき》法要が重なった場合

同じ年に複数の年忌法要が重なる場合は、「併修《へいしゅう》」または「合斎《ごうさい》」といって命日が早いほうの法要に合わせて、まとめて営むことができます　ただし、一周忌や三回忌など重要な法要は単独で営みます。

仏式・法要の流れ（菩提寺・墓地で行う場合）

一般的に、僧侶の読経、焼香、法話と続きます。菩提寺では、法要後墓参りをします。

その後、お斎の会場に移動し、施主が挨拶をし、故人の思い出などを語りながら食事します。施主のお開きの挨拶で、終了となります。

四十九日法要、年忌法要と一緒に納骨式を行うことも可能です（⇨ P136）。僧侶に相談しておきましょう。

① 僧侶の読経

↓

② 焼香

僧侶の読経後、施主、遺族、参列者の順で焼香。

↓

③ 僧侶の法話

僧侶の法話を傾聴する。

↓

④ 墓参り

納骨する場合は墓前で納骨式を行う。

↓

⑤ お斎

故人を偲んで参列者と会食。省略して、折り詰めと酒などを手渡すことも。

四十九日法要の施主あいさつ

●法要後のあいさつの例

本日は大変お忙しい中、亡き父の四十九日の法要にお越しいただき、誠にありがとうございます。本日、無事に四十九日の法要と納骨を済ませることができました。これもご列席の皆様のお力添えの賜物と深く感謝いたしております。

ささやかですが、お食事の席をご用意いたしました。どうぞお時間の許す限り、ごゆっくりお過ごしいただければと存じます。本日は誠にありがとうございました。

●終わりのあいさつの例

そろそろ時間となりましたので、これにてお開きにしたいと存じます。父は亡くなりましたが、どうか今後とも変わらぬおつき合いをお願い申し上げます。本日はありがとうございました。

◆神式は百日祭までは墓前で営む

神式では、五十日祭が忌明けとなる重要な霊祭です。神棚や御霊舎《みたまや》に貼っていた白紙を取り去る「清祓《きよはらい》の儀」、霊璽《れいじ》を御霊舎に移して先祖代々の霊と一緒に祀る「合祀《ごうし》祭《さい》」など、五十日祭と合わせて行う儀式も多いので、神職に指示を仰ぎましょう。

その後は百日祭、一年祭、三年祭、五年祭、十年祭は神職に依頼し、参列者を招いて執り行います。百日祭までは墓前で、一年祭以降は自宅で霊祭を行うのが一般的です。

神式・霊祭の流れ

遺骨、霊璽、遺影のほか、神饌《しんせん》などを用意します。洗米、塩、水などの神饌を祭壇に供え、斎主による祭詞奏上、遺族・参列者の玉串奉奠を行います。霊祭後、直会を催して神職と参列者をもてなします。神官へのお礼の表書きは「御礼」とします。さらに「お車代」、会食に参加しないときは「お膳料」も用意します。

① **手水《ちょうず》の儀・修祓《しゅばつ》の儀**　お清め後、法要に入る。

② **献饌《けんせん》・奉幣《ほうへい》**

③ **祭詞奏上《さいしそうじょう》**　神葬祭と同様に行う。

④ **玉串奉奠《たまぐしほうてん》**　斎主、施主、遺族、参列者の順番で。

⑤ **直会《なおらい》**　故人を偲びながら会食する。地域により、神饌を共食する場合もある。

※式次第は一部省略したもの。また、地域や宗派によって内容が異なる。

◆キリスト教式はとくに決まりはない

カトリックでは、故人の死亡後、3日目、7日目、30日目に、おもに教会で追悼ミサを行うことが多いようです。また、11月2日に「万霊節《ばんれいせつ》」が行われ、この世を去ったすべての死者の霊を追悼します。

プロテスタントの場合、死後1ヵ月目を召天記念日とし、死後一年目に「記念式典」を行い、以降は遺族が任意で決めた日に式典を行います。教会で行われることもありますが、自宅に祭壇を設けて行うのが一般的です。

キリスト教式・追悼ミサと記念式典の流れ

ミサや式典に決まりはありません。一般的には、教会に親族、知人を招き、聖歌（賛美歌）斉唱、神父（牧師）の祈り、説教などが行われ、ミサの後は別室か自宅で茶話会《さわかい》を開きます。お礼の表書きは、カトリックでは「御ミサ料」「献金」、プロテスタントでは「記念献金」とし、神父・牧師個人には「御礼」とします。

① **聖歌（賛美歌）斉唱** 一同で聖歌（賛美歌）を斉唱する。

② **聖書朗読** 聖書の一節を一同で朗読する。

③ **祈祷** 一同で故人の冥福を祈る。

④ **献花** 施主、遺族、親族、参列者の順で。

⑤ **茶話会** 自宅や別室で故人を偲ぶ。

※式次第は一部省略したもの。また、地域や宗派によって内容が異なる。

墓地とお墓の基礎知識

◆まず永代使用権を取得する

一般的にお墓は長男が継承し、それ以外の子どもは新しくお墓を建てます。

よく「お墓を買う」といいますが、実際は購入するのは墓石だけで、墓地に関しては「永代《えいたい》使用料」を支払って墓地内の区画を使用する権利を得ることになります。

墓地の使用権を入手したら、墓石の種類を選び、デザインを決めます。墓地によっては登録の業者があるので、お墓を建てる寺院や霊園に相談しましょう。

◆後の供養も考慮して

お墓を建てる場合には、その後の供養や継続的に支払う必要のある「管理費」のことなどを、十分に考えなくてはなりません。

家族や親族とよく話し合い、事情に合った墓地や納骨の仕方を選びましょう。

なお墓地の永代使用権は子孫に受け継ぐものですが、墓地の所有者は寺院や霊園などの管理者です。墓地を使わなくなった場合でも他人に売ることはできません。墓地を撤去し、更地にして返すことになります。

墓地の種類

墓地には大きく３つの種類があります。それぞれ特徴があるので、墓地を選ぶ際は複数下見して、比較検討を。お墓を建てたら終わりではありません。その後の供養のことも考慮しましょう。

寺院墓地

寺院の境内にあり、寺院が管理をしているので、供養の面で安心できます。交通の便もよい傾向があります。基本的に檀家《だんか》以外は入れないため、菩提寺・檀家の関係を結ぶことになり、檀家として寄付を求められることもあります。

提供：宗教法人 正光寺

公営墓地・霊園

自治体が管理運営しているため、自治体の住民が対象となります。比較的使用料や管理費が安く、宗教・宗派を問いません。その分人気が高いため、申し込みが制限されていることも多く、使用権の取得は抽選方式となっています。

提供：谷中霊園管理所

民営墓地・霊園

公益法人や宗教法人などが運営している墓地です。宗教・宗派を問わず、資格や制限がほとんどありません。ほとんど随時募集をしています。公営に比べると、費用が高めで、郊外にあることが多く、交通の便があまりよくない傾向があります。

提供：株式会社 笹川

お墓の形

一般的なお墓は、墓石とその地下にあるカロート（納骨室）を中心に、花立てや香炉、水鉢などの付属品で構成されます。墓地による制限がなければ、自由に形を決められます。

和型のお墓

和型三段墓です。灯籠やつくばい（手水鉢《ちょうずばち》）などは、現在はあまり見かけません。

提供：石桑株式会社

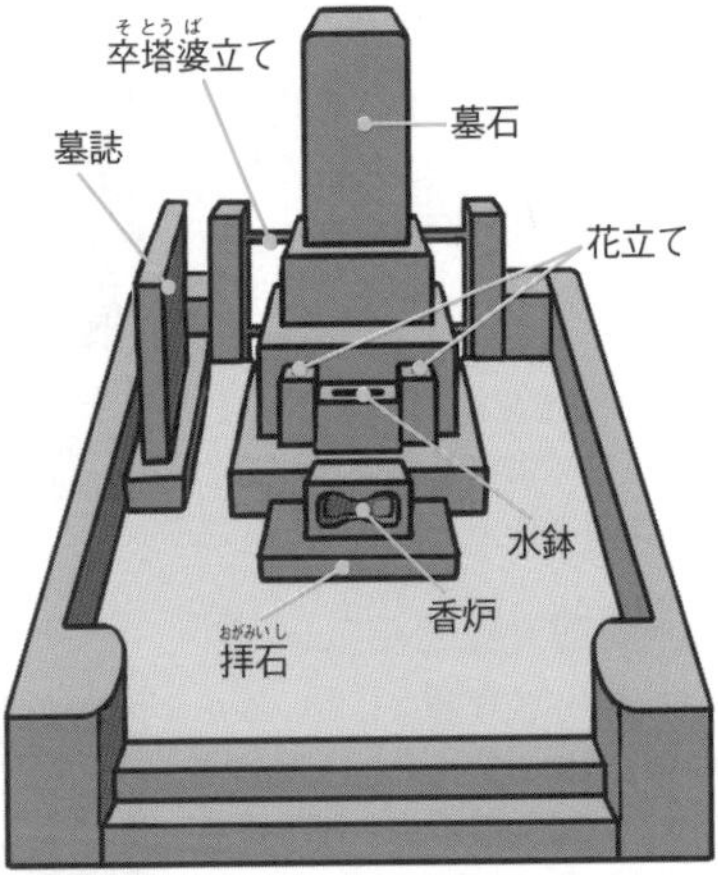

洋型のお墓

墓石は低めで、芝生と調和した形状。オルガン型のほか、オリジナルのデザインも増えています。

神道型のお墓

仏式と同じ和型三段墓で、頭が尖った角兜巾《かくときん》型（ピラミッド型）で、榊《さかき》を置く台が特徴です。

納骨堂

墓地や墓石がなく、建物の中の「納骨檀」で複数の遺骨を安置します。多くの霊園や寺院にあります。

提供：石桑株式会社

提供：石桑株式会社

提供：宗教法人 正光寺

お墓のスタイル

先祖代々受け継がれるお墓でしたが、現代ではお墓のスタイルも多様化して、個人や夫婦で入るお墓も増えています。故人の希望をかなえることも大切ですが、周囲の意見も聞きましょう。

家墓《いえばか》（累代《るいだい》墓）

子孫が代々継承します。もっとも一般的なお墓で、墓石には家名が彫られます。

両家墓

１人っ子同士の結婚の場合に、両家の墓をまとめて継承します。墓石には両家名が彫られます。

夫婦墓

夫婦で入るお墓で、夫婦の名前を並べて彫るのが一般的です。友人同士で入る「友人墓」もあります。

個人墓

故人が1人で入るお墓。個人用なので、事前に「永《えい》代《たい》供養」を依頼することも多いようです。

共同墓

家族でない複数の遺骨を納めます。墓石には、埋葬された人の氏名や、冥福を祈る言葉が彫られます。

Tips **永代供養の依頼**

緑者が故郷を離れて先祖代々の墓の管理ができないこともあります。その場合は、「永代供養料」を支払って、墓の管理と供養を委託します。また、独身者や子どものいない夫婦が増え、最初から継承者を考えない「永代供養墓」も増えています。ただし、永代供養といっても期限が設けられているので、よく確認しましょう。

墓地を選定する

◆墓地探しからはじめる場合

墓地を探すには、まず情報を集めましょう。公営墓地は、県や市の広報に募集が告知されます。民営墓地の場合は、インターネットでも検索できますし、石材店や葬儀社でも紹介を行っています。

その中から候補を絞って現地に下見に行きます。費用のほか、墓地の環境、交通の便、条件や規則なども考慮しましょう。

下見後は、比較検討して、より条件のよい墓地を選びましょう。

◆すでにお墓がある場合

家墓がある場合、墓地の管理者に相談します。一般的には四十九日や一周忌など、法要と同時に納骨式を行います（⇩P137）。宗教者には、早めに依頼しましょう。

墓地にまつわる費用

お墓を建てる際は、予算の総額から確実に必要な永代使用料や納骨式などの費用を引いて、残りの予算で墓石工事を行いましょう。永代使用料は20万～300万円。年間管理費は公営で1千～3千円。民営で1万～2万円程度が多いのですが、墓地の立地、ランクにより大きく変動します。

墓地の情報収集と下見

理想的な墓地を探すためには、リサーチが必要不可欠です。パンフレットやインターネットで立地条件や周囲の環境、設備、管理運営会社の経営状態を調べ、現地に足を運んで管理状態など実際にチェックしましょう。葬儀社や石材店に相談するのもいいでしょう。

墓地の下見

チェックポイント

下見前

- 自宅からの交通手段と所要時間
- 宗教・宗派の制限
- 墓石の規定
  （大きさ、デザイン、指定石材店の有無など）
- 永代使用料・管理費
  （金額、支払い方法）
- 永代使用権の取り消し条件

下見当日

- 最寄り駅からの距離、交通の便
- 立地条件
  （周囲の環境、日当たり、風通し）
- 管理状態、清潔感
  （管理事務所の対応、掃除の有無など）
- 施設の充実度
  （駐車場・トイレなど）
- サービス
  （掃除用具のレンタルなど）

Tips 生前にお墓を建てる

仏教では、生前にお墓を建てることを功徳が高く長寿・子孫繁栄・家内円満の果報を招くとされている「寿陵《じゅりょう》」といいます。

また、お墓や墓地には取得税や消費税、相続税など税金が一切かからないため、節税にもなります。

提供：谷中霊園管理所

お墓を建てる

◆墓地の次は石材店選び

墓地の次はお墓を建ててもらう石材店を選びます。民営墓地や寺院墓地では石材店が指定されていることが多く、どうしても依頼したい石材店がある場合は、墓地選びから相談に乗ってもらいましょう。

その後も入魂式《にゅうこんしき》や納骨式（⇩Ｐ１３７）、メンテナンスでお世話になります。信頼のできる石材店を選びましょう。

◆石材店との打ち合わせ

まず、担当者が墓地の現地調査を行います。予算や、デザイン、完成希望日について打ち合わせし、後日設計図や見積書を確認します。問題がなければ契約し、着工から約１ヵ月～１ヵ月半で工事が完了です。

お墓にまつわる費用

墓石建立《こんりゅう》費には、墓石代金と工事費用が含まれます。墓石代金は、墓石のサイズと石材の種類で決まり、工事面積や付属品の有無で変動します。一般的な和型の墓石建立費は20万～200万円。建墓ローンを取り扱っている石材店もあります。

石材店選びとお墓の建立

石材店が指定されている墓地の場合は、指定店を比較検討して選びます。自分で石材店を選ぶ場合は、インターネットや広告などから情報を得て、実際に担当者と話をして決めるようにしましょう。

チェックポイント

お墓建立

石材店選び

- 墓地や墓石に関する知識
- 墓石の選択肢
  （原産国を明記）
- 料金設定
  （明確でわかりやすい）
- 契約書の内容
  （納期や工事方法を明記）
- お墓を建立する墓地での実績
- 業界団体への登録の有無

お墓の材質・デザイン

- 墓石の性質
  （硬度、耐久性、吸水性、光沢など）
- 墓石の状態
  （傷やムラがない）
- お墓のデザイン
  （和・洋・デザイン墓など）
- お墓の設計図
  （希望通りになっている）
- 墓地のルール
  （宗教・宗派、モデルデザイン）

Tips

広告の金額に注意！

お墓を建てるには、永代使用料、年間使用料、墓石建立費、入魂式・納骨式のお布施などの金額がかかります。霊園や石材店の広告では、費用の一部のみ記載の場合も多いので、内容について注意しましょう。

提供：石桑株式会社

納骨する

◆忌明けや法要に合わせて行う

納骨は法要の期日に合わせて行うのが一般的です。すでにお墓がある場合は四十九日までに、お墓の建立が間に合わない場合は、一周忌の法要を目途にします。お墓が用意できない場合は、菩提寺や公営の短期預かり所に預けることもできます。

僧侶や墓地の管理事務所と相談して日取りを決めたら、石材店にも連絡します。納骨式は遺族と親族、ごく親しい友人のみで行います。

納骨の流れ

納骨する際は、カロート（納骨室）のふたを開けてもらう必要があるので、あらかじめ石材店に依頼しておきます。当日は、施主と遺族は礼装を着用します。埋葬許可証と認印が必要となります。

① 入魂式

最近は納骨式と同時に行うことが多い。

↓

② 納骨式

施主が納骨し、僧侶の読経、参列者が焼香する。

↓

③ 卒塔婆《そとうば》供養

左ページ参照。

↓

④ 会食

納骨後、僧侶・参列者を招いて会食する。

納骨の儀式

新しいお墓の場合、入魂式と納骨式を合わせて行うこともあります。

入魂式（開眼《かいげん》供養《くよう》）

新しくお墓を建てた場合は、まず入魂式を行います。墓前に祭壇を用意し、読経、焼香を行います。墓石を供養のための仏塔とする儀式で、「開眼供養」や「建碑式《けんぴしき》」とも呼びます。

入魂式のお布施は3万～5万円が相場ですが、納骨式を合わせて行う場合は5万～10万円。卒塔婆1本につき3千～1万円程度です。

納骨式

施主または遺族代表がカロートに遺骨を納めます。納骨後は、僧侶が読経し、一同で焼香、祈祷を捧げます。

卒塔婆供養

卒塔婆は、追善《ついぜん》供養のために経文や題目などを書いた縦長の木片で、お墓の後ろの卒塔婆立てに立てます。卒塔婆供養は、事前に僧侶に依頼しておきます。浄土真宗では行いません。

納骨式の謝礼

僧侶のお車代は5千～1万円。会食不参加時のお膳料は1万円。石材店への納骨代は2万～3万円。墓石工事の業者への心づけは1万円（工事費に含まれる場合も）。

神式

神式では、火葬後すぐに「埋葬祭」を行う習わしでしたが、「五十日祭」と同時に行うことが増えています。

キリスト教式

キリスト教は土葬が習わしのため、火葬の遺骨も葬儀後すぐに埋葬していましたが、召天記念日などに納骨することも多くなっています。

新しい埋葬のスタイル

◆多様化する埋葬の形

お墓の承継者の問題や家に対する考え方の変化などさまざまな理由から、血縁や地縁にこだわらない埋葬の方法を求めて、埋葬のスタイルも多様化しています。最近では、遺灰を山や海などにまいて自然に還す「散骨葬《さんこつそう》」や、石碑の代わりに樹木を植える「樹木葬《じゅもくそう》」も注目されています。

埋葬する場所は、遺族がのちに故人を偲ぶ場所にもなりますので、よく話し合って決めることが大切です。

散骨葬

自然への回帰や故人の希望する場所で眠りたいという願いをかなえるために、遺灰を海や山などにまきます。遺骨のまま散骨することは禁止されているため、業者に依頼し細かく砕いてから散骨します。

すべての遺骨を散骨してしまうと故人を偲ぶ依り代がなくなってしまうので、一部を散骨して、残りの遺骨はお墓に納骨するケースが多いようです。

海洋葬の実施団体

遺骨をパウダー状に粉砕し、水溶の紙に包んで散骨する。個人や2～3組合同で船を借りて行うもの、遺骨を預けて業者が代行するものがある。

散骨・海洋葬ネット

（URL） https://www.kaiyoso.com/

（メール） info@kaiyoso.com

樹木葬

遺骨を埋めた土の上に墓標として樹木を植えます。人工物を用いず、里山の保護、自然環境保護にもつながるため、人気が高まっています。樹木葬は、墓地として知事の許可を得た区域で行います。最近は都市部の霊園にも、樹木葬のスペースが増えてきています。

樹木葬の実施団体

日本初の樹木葬

岩手県の祥雲寺は、日本で初めて樹木葬が行われた寺院。「花に生まれ変わる仏たち」をコンセプトに、花木を植えて目印としている。

長倉山 知勝院（祥雲寺別院）
☎0191-29-3066
（URL）https://chishouin.com

桜葬

墓標として桜の木を植える桜葬を行っている。日本人の憧れである「桜の木の下に眠る」を実現する。

NPO法人エンディングセンター
☎042-850-1212／072-669-9131
（URL）https://www.endingcenter.com/

Tips 故人を身近に…手元《てもと》供養《くよう》

いつでも故人のそばにという思いから、位牌や仏壇ではなく、遺骨や遺灰を身近に置く「手元供養」が注目されています。

遺骨をメモリアルグッズ（右写真の仏像をかたどった専用容器など）に納めたり、ペンダントにして身につけたりします。

提供：京都 博國屋

お墓を改葬する

◆改葬に必要な手続きと供養

お墓の継承者がいない、遠くに引っ越すためにお墓も一緒に引っ越す、宗教・宗派を変える、檀家をやめるなどの理由で、改葬が必要となることがあります。

改葬には、役場での書類上の手続きのほかに、墓地関係者に改葬の理由や事情をていねいに説明する必要があります。とくに、菩提寺の場合は理解を得るのが難しく、トラブルも増えています。親族や縁故者への説明も、忘れずに行いましょう。

改葬の注意点

煩雑な書類手続きに加え、現墓地の管理者の承諾、親族の説得など、さまざまなことが必要です。

現墓地の関係者や親族の説得

菩提寺は檀家が減るのを快く思わないし、親族は感情的になることも。根気よく説明を。

遺骨 1 体ごとに書類と申請が必要

改葬申請には遺骨1体ごとに情報（名前、死亡年月日など）が必要なので、先祖代々の墓では何体の遺骨があるか、まず墓地の管理者に相談を。

現在の墓地は更地にする

墓石は新しい墓地に移動するか、処分して更地にして返還。仏式では「閉眼供養《へいがんくよう》」を依頼する。

新しいお墓に遺骨が納まるか

すべての遺骨が納まるか墓地の広さを確認。

改葬までの流れ

親族や墓地関係者の理解を得たら、現在の墓地と新しい墓地の所轄の役場で書類を集めます。

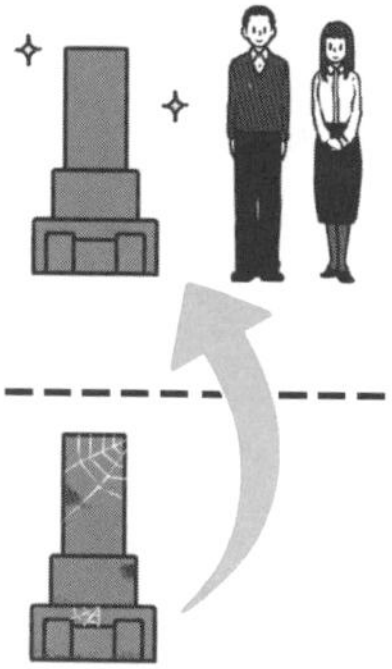

必要書類

新墓地でもらう書類

- 墓地利用許可証
- 受入許可証

現墓地の所轄役場でもらう書類

- 改葬許可申請書

現墓地でもらう書類

- 埋葬証明書

① 新墓地の使用許可を得る

新しいお墓の建立準備を進める。

② 受入証明書の取得

「墓地利用許可証」と一緒に、新墓地の管理者に発行してもらう。

③ 改葬許可申請書の作成

現墓地のある役場で「改葬許可申請書」を取得し、現墓地の管理者から署名捺印をもらう。

④ 埋葬証明書の取得

現墓地の管理者に発行してもらう。

⑤ 改葬許可申請書の提出

所轄の役場に提出。「墓地利用許可証」「受入証明書」「埋葬証明書」を添付。

⑥ 改葬許可証の交付

所轄の役場から「改葬許可証」を受け取る。

⑦ 遺骨を引き取る

「閉眼供養」を行い、遺骨を取り出す。

⑧ 新しいお墓に納骨

新しい墓地の管理者に改葬許可証を提出。入魂式、納骨式を行う。

供養の作法

◆日々の供養

何よりも続けることが大切です。亡くなった方との交流だと思い、日々拝礼しましょう。負担にならないよう、ある程度は簡略化してもかまいません。毎日遺影と位牌に手を合わせるだけでも、十分な供養になります。

毎朝仏壇の扉を開け、水やご飯を供えて拝礼、夕食後にも拝礼し、扉を閉めます。

◆命日の供養とお墓参り

故人の命日と同じ月日を「祥月命日《しょうつきめいにち》」といい、月ごとの同じ日を「月忌《がっき》」と呼びます。これらの日には仏壇を掃除し、花や果物などを供え、手を合わせましょう。

お墓参りはいつしてもよいのですが、命日やお彼岸には家族でお参りを。故人を偲ぶ機会を設けることこそ、一番の供養です。

仏式におけるお供え物は「五供《ごく》」といい、以下の5種類のお供え物のことです。「香《こう》」は線香、「花」はお花。「灯燭《とうしょく》」はロウソクで、「浄水」は水やお茶、「飲食《おんじき》」として家族と同じ食事を供えることを指します。

拝礼の作法

宗教ごとに作法は違いますが、故人を忘れずに続けることが大切です。

仏式の拝礼

毎朝食前と夕食後に行います。正式には拝礼の度にお経を唱えますが、割愛してもかまいません。

1

ご飯、お茶（水）を供え、花の水を替える。

2

仏壇の前に正座し、数珠を手に一礼。ロウソクと線香を灯す。

3

鈴《りん》を鳴らし手を合わせる。お経を唱え、再び鈴を鳴らす。

神式

白木の御霊舎に故人を祀ります。御霊舎には、霊璽のほかに神鏡《しんきょう》、水器《すいき》、瓶子《へいし》、三方《さんぼう》、神灯《しんとう》などを一対ずつ飾るのが基本です。朝起きたら、手や口を水で清め、神饌（洗米、水、塩）を供えて、二礼二拍手一礼します。

※拍手はしのび手（音を立てない）で行う。

キリスト教式

教会での祈りが信仰の中心になるため、家での拝礼には決まりがありません。日々の感謝の気持ちとして、毎日の食前の祈りや就寝前の祈りを大切にします。十字架や遺影を飾ることが多いようです。

位牌と仏壇

◆仮位牌から本位牌へ

臨終後に作る位牌は白木の「仮位牌」で、葬儀は仮位牌で行います。仮位牌は、忌明けまでに菩提寺に納め、代わりに「本位牌」の開眼供養を行い、仏壇に納めます。

本位牌には、故人の仏名（戒名）、俗名、命日などが入ります。四十九日法要に間に合うよう、早めに仏具店に依頼します。

◆仏壇は仏教世界の再現

仏壇は、故人や先祖を祀るものと思われがちですが、本来は寺院を表しており、「本尊」を納めるためのものです。仏壇に位牌を祀るのは、亡くなった人はすべて成仏し、仏の弟子になるという考えからです。

本尊は、各宗派の根本的な考えを表しているので、仏壇の中心にあたる「須弥壇《しゅみだん》」に安置されます。

Tips　位牌の手入れと処分

位牌は高温多湿や直射日光を避け、触るときに手袋をすることで、長持ちさせられます。しかし、どうしても長い時間が経つと、輝きが薄れたり、汚れたりします。その際は、修理や作り直しをします。古い位牌を処分する場合は、菩提寺で魂《たま》抜《ぬ》きの法事を行い、焚き上げます。

本位牌選びのポイント

葬儀の際に用いる白木位牌は、本位牌を仏壇に安置したら、菩提寺に納めます。

本位牌は表面に漆を塗った「塗り位牌」と木目を活かした「唐木《からき》位牌」に大別されます。四十九日の法要時に本位牌の「入魂供養」を行うので、早めに製作を依頼しましょう。位牌の代わりに、故人や先祖の法名（仏名）、俗名、命日、没年齢を記載した「過去帳《かこちょう》」を用いることもあります。

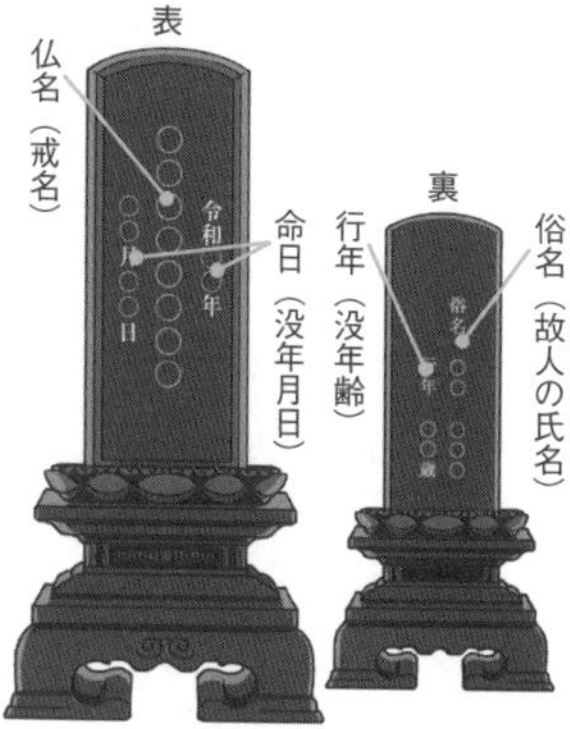

提供：お仏壇のはせがわ

行年《ぎょうねん》と享年《きょうねん》

「行年」は亡くなった年齢を指し、「享年」ともいいます。一般的には同義語です。位牌には「行年」が用いられます。

神式

位牌にあたるものを、霊璽《れいじ》と呼びます。忌明けの五十日祭で、霊璽を御霊舎《みたまや》に移して拝礼する「合祀祭《ごうしさい》」という儀式が行われます。

キリスト教式

位牌にあたるものはありませんが、日本では仏式の影響から位牌のようなものをモニュメントとして飾る場合もあります。

◆法要に合わせて仏壇を購入する

新たに仏壇を購入する場合、その時期に決まりはありませんが四十九日や一周忌など、節目となる法要に合わせるとよいでしょう。一緒に購入する本尊は宗派によって異なるので、自分の家の宗派を確認して、仏具店と相談しましょう。

あらかじめ置き場所を決めておくことも必要です。最近は住宅事情もあって、場所や方角についてこだわらなくなっています。家族の集まる居間など、常にだれかの目が届く場所が好ましいでしょう。

仏壇の種類

上置型仏壇
小型でタンスや押入れの上に置く。

地袋付仏間用仏壇
高さ1mぐらい。地袋（収納）付きで仏間に置く。

台付型仏壇
高さ1m から1m70cmぐらい。仏間や床の間に置く。

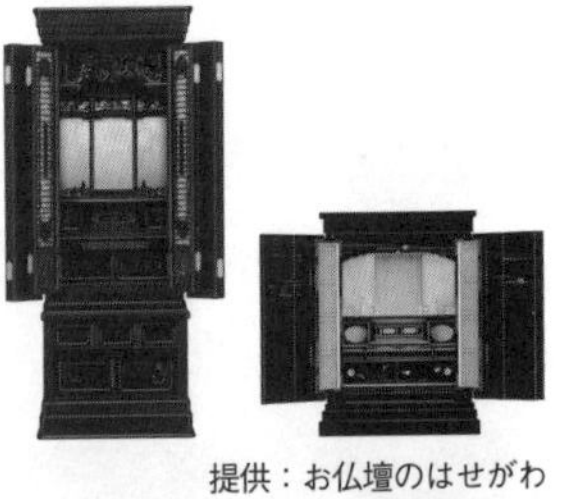

提供：お仏壇のはせがわ

開眼《かいげん》供養《くよう》

仏壇を購入したら、寺院に依頼して新しい御本尊に仏の魂を入れる「開眼供養」を行います。法要に合わせて購入しておけば、同時に開眼供養できます。仏壇を買い替える場合は、古い仏壇は寺院や仏具店に依頼してお焚き上げをします。

仏壇選びのポイント

仏壇には材質や形状、大きさでさまざまな種類があり、本尊や仏具の種類も宗派により違うので、仏具店や葬儀社に相談しましょう。仏壇を安置する場所の高さ、幅、奥行きも測っておきます。仏壇の扉は両側に開くので、そのスペースも必要です。

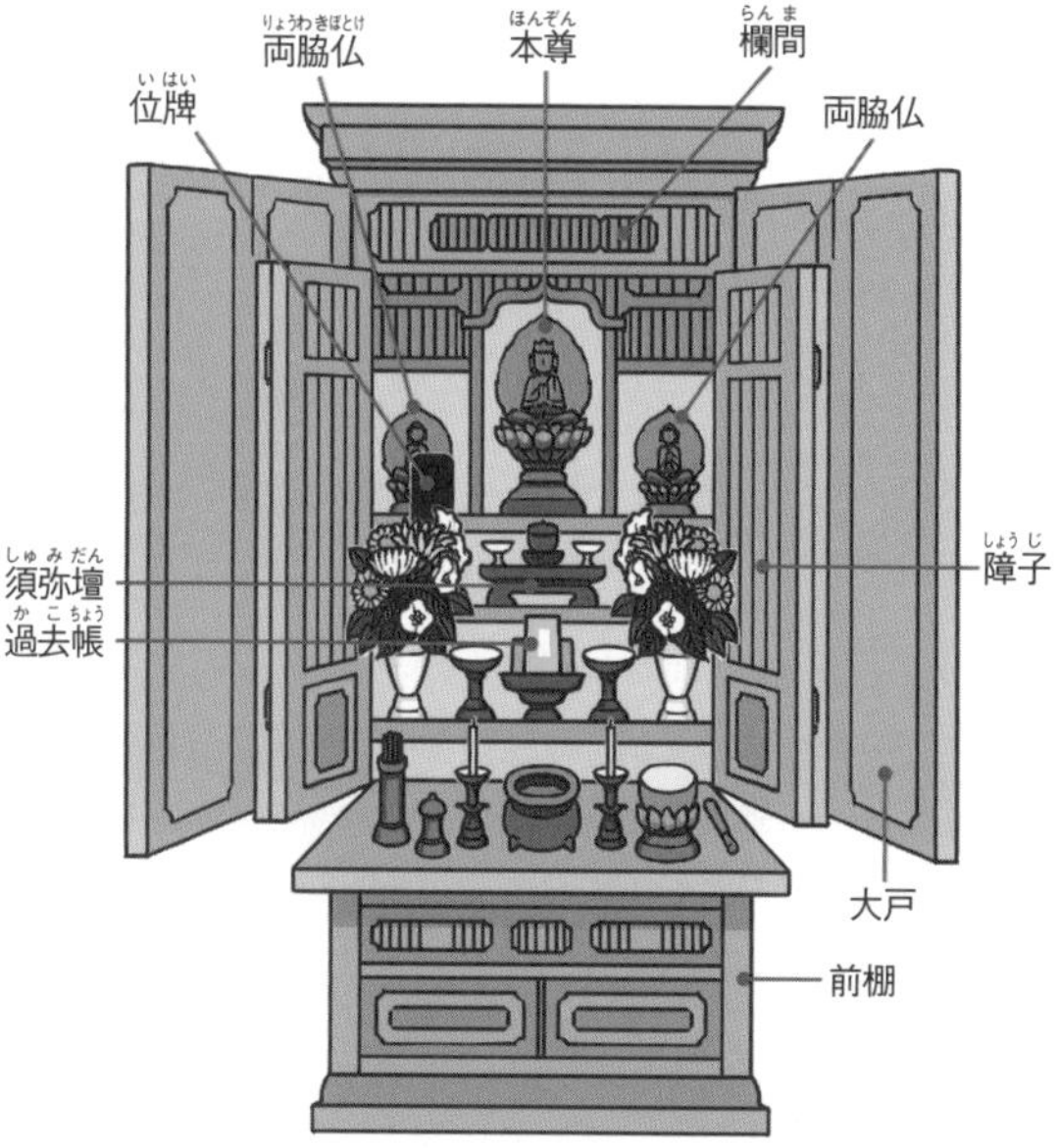

神式

御霊舎《みたまや》に故人を祀り、神棚よりも低い位置に置きます。故人の霊は、祖霊となり家の守護神となると考えられます。御霊舎を購入する場合は五十日祭を目安に。

キリスト教式

祭壇になりますが、形や飾り方に決まりはありません。祈りやすいように、十字架、遺影、燭台、花などを飾るとよいでしょう。

お墓参りに行く

◆お墓参りの時期や作法

　お墓参りをして故人を偲ぶことは、大切な供養です。遺族や親族もお墓参りをすることで、心の安らぎを得られます。

　お墓参りの時期に決まりはありませんが、祥月命日、お彼岸とお盆、年忌法要には行いたいものです。そのほか、人生の節目などにも足を運んでもよいでしょう。

　お墓は故人にとって家ともいえる場所です。墓地では、念入りに掃除を行い、故人の好物や花を供えて、拝礼しましょう。

お墓参りの準備

　お墓を掃除するスポンジやぞうきんなどを持っていきます。ほうきや手桶などは、寺院や霊園の管理事務所で借りられます。

　お花や線香、ロウソク、マッチ、数珠、故人の好物などを持参します。

　お墓参り後、線香の火が消えたのを確認するなど火の始末に注意します。また、供物にしたお菓子や果物をそのままにすると、カラスや猫に荒らされるので必ず持ち帰ります。

お墓参りの作法

お墓の掃除

お墓の周囲のごみや雑草を取ります。墓石にひしゃくで水をかけ、スポンジで汚れを落とします。最後に水洗いをして、水気を拭き取ります。水鉢や花立ては苔が生えやすいので念入りに。

拝礼の作法

花を飾り、水鉢に水を入れ、供物は持参した皿や半紙の上に置きます。ロウソクに火を灯し、線香を焚きます。手桶からひしゃくで水をかけ、そのあと、墓石の正面に向かってしゃがみ、静かに手を合わせます。

神式

年末年始と祥月命日に行う「式年祭」にお墓参りをします。水、洗米、塩、お神酒 、故人の好物などを供え、榊を飾ります。線香は使用しません。原則的には榊を捧げて二礼二拍手一礼をします。

キリスト教式

カトリックでは、毎年故人の命日と11月2日の「万霊節」に墓参りをし、その後、ミサに参加します。プロテスタントでは、召天記念日に牧師を墓前に招いて追悼式典を行うことも。

Column 4

大切にしたいお盆とお彼岸の供養

●先祖の霊が帰ってくるお盆

四十九日の忌明け後に初めて迎えるお盆を「新盆《にいぼん》」といいます。忌明け前にお盆を迎える場合には翌年を新盆とします。

地域によって異なりますが、旧暦の７月 13 日から 16 日までの４日間にお盆の行事を行うことが多いようです。13 日のお盆の入りには先祖が迷わないように迎え火を焚きます。お盆の間は「精霊棚《しょうりょうだな》」を用意して先祖を供養し、16 日には送り火で霊を送ります。

精霊棚の例
台の上にすのこなどを敷き、位牌や花立て、燭台などを並べ、季節の野菜や果物、故人の好物を供える。また、祖先の霊はきゅうりの馬に乗って帰って来て、なすの牛で戻って行くといわれることから、きゅうりとなすの飾りも供える。※飾りやお供えは地域によって異なる。

●日本独自のお彼岸の供養

春分の日と秋分の日をはさんだ前後３日の計７日間を「お彼岸」と呼びます。お彼岸には、仏壇と仏具の掃除をしてお墓参りをします。春は牡丹の花にちなんでぼたもちを、秋は萩の花にちなんでおはぎを供えるのが一般的です。

本来は死後の彼岸《ひがん》（悟りの境地を指す仏語用語）に行くことを願って、善行を積む期間でしたが、現代では先祖を供養する行事へと変化しています。

第5章

円滑な遺産相続

遺産相続の基礎知識

◆財産上の権利や義務をすべて引き継ぐ

遺産相続とは、亡くなった人（被相続人）から、配偶者や子ども、父母など（相続人）が、財産上の権利や義務のすべてを引き継ぐことです。

遺言のない場合は、すべての遺産を相続人が引き継ぎます。複数の相続人がいれば、遺産分割が行われ、遺言があれば遺言書の内容を優先します。相続は自分が相続人になったことを知った日に開始しますが、被相続人の死亡の日になるのが一般的です。

◆マイナスの財産もある

相続できるものには、土地や預貯金、株券などの相続人にとってプラスとなる財産と、故人の借金や住宅ローンといったマイナスの財産があります。これらはすべて遺産であり、プラスの財産だけもらってマイナスの財産はいらないという訳にはいきません。

また、墓や仏壇、位牌などの先祖から伝えられているものは特別に「祭祀《さいし》財産」といい、分割することができないため、1人の相続人が受け継ぎます。

相続財産の種類

プラス財産

不動産や動産、預貯金や有価証券など一般的に財産と考えられるもののほかに、債権や借地権、著作権、商標権のような、被相続人が持っていた権利も相続されます。

- 不動産（土地、建物）
- 動産（宝石、美術品、骨董品、家具、自動車など）
- 現金・預貯金・有価証券
- 債権（売掛金、貸金など）
- 借地権
- 知的財産権（著作権、商標権、特許権など）

マイナス財産

借金や住宅ローン、買掛金など、被相続人が負っていた債務のほかに、連帯保証人になっていたり、損害賠償の債務を負っていたりする場合も、マイナスの財産として相続しなくてはなりません。ただし、マイナス財産が大きい場合は、すべての財産を放棄する方法もあります（⇨P162）。

- 不借入金債務・買掛金債務
- 連帯保証・保証債務
- 現金・預貯金・有価証券
- 損害賠償の債務
- 税金　など

祭祀財産

先祖を祀るための仏壇や墓、家系図などの祭祀財産は、被相続人の指定があればその人が受け継ぎます。指定がなければ慣習に従って承継者を決めますが、かならずしも長子が承継者になる必要はありません。相続人の間で決まらなければ、裁判所の調停や審判で決められます。

- 仏壇、仏具、位牌、神棚
- 墓地、墓石、遺骸、遺骨　など

相続人の確定と相続分

◆相続人は法律で定められている

相続人になる人は、民法で定められており、これを「法定相続人」といいます。被相続人が遺言書で相続する人を指定している場合（遺贈《いぞう》）をのぞいて、法定相続人以外の人が相続することはできません。

配偶者は常に相続人になりますが、子ども、親、兄弟（血族相続人）には左図のように相続の順位があります。順位が上の相続人がいる場合は、下位の相続人が相続することはありません。

◆相続関係説明図を作成

相続が開始したら、相続人の範囲を調査し、相続人を確定させなくてはなりません。相続人を調べるためには、被相続人の生まれてから亡くなるまでのすべての戸籍を取り寄せます（⇩P95）。最後の戸籍から一つ前の戸籍へとさかのぼっていく作業をくり返すことで、相続人がだれであるのか知ることができます。

確定したら、相続人の関係性を示す「相続関係説明図」を作成します。

法定相続人の順位

第1順位の相続人がいない場合は、第2順位の父母が相続人になり、父母が死亡している場合は祖父母が相続人になる。第1、第2順位の相続人がいない場合、兄弟姉妹が相続人になる。兄弟姉妹が死亡していて子があれば、その子が相続人になる。なお、配偶者は常に相続人となる。

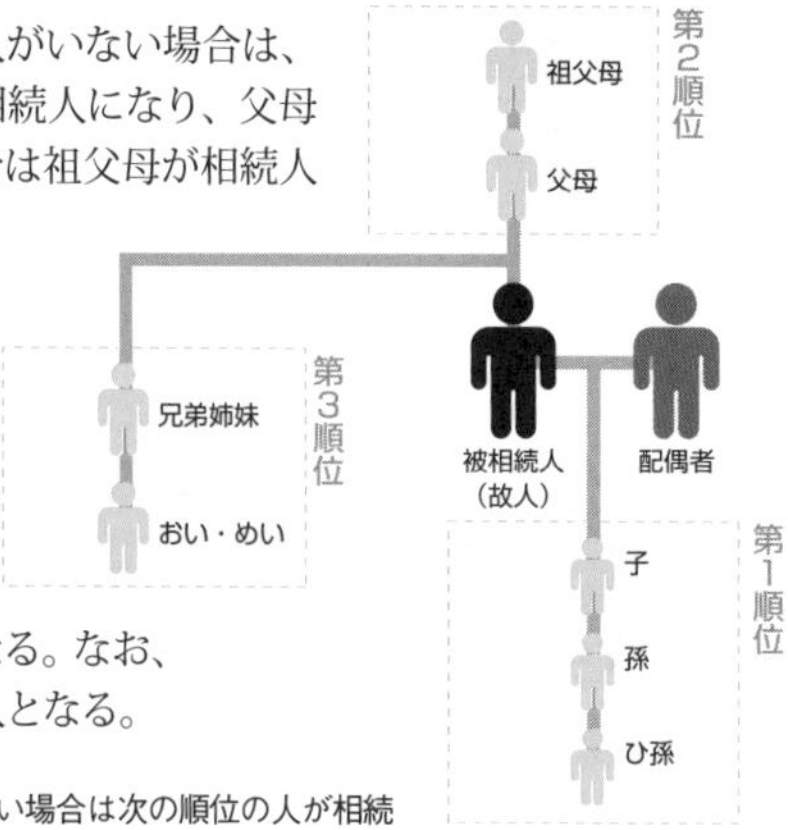

※先順位の相続人がいない場合は次の順位の人が相続人となる。

◆相続権を失うケース

民法により、相続人になる人は決められていますが、相続人としてふさわしくない事由が認められた場合に、相続人から相続権を失わせる「相続欠格」と「相続廃除」という制度があります。

相続欠格は、被相続人に対して危害を加えた場合、だましたり脅したりした場合、遺言の作成および変更、撤回を妨げたり、強制したりした場合などに適用されます。

相続廃除は、被相続人を虐待したり重大な侮辱を加えたりした場合などに、被相続人が家庭裁判所に申し立てて認められたときに成立します。

◆相続割合は法律で決まっている

相続人が複数いる場合、それぞれが相続する割合を「相続分」といいます。相続分には、民法で定める「法定相続分」と、被相続人が遺言で指定する「指定相続分」があります。

法定相続分は、下記の図のように、配偶者と血族相続人の組み合わせによって割合が変化します。たとえば、配偶者と子（第1順位）が相続する場合は、法定相続分は2分の1ずつになります。配偶者が死亡している場合や相続放棄をした場合は、第一順位の子（または孫、ひ孫）がすべて相続することになります。

法定相続分（配偶者がいる場合）

基本的に配偶者は常に相続人となります。配偶者のほかに血族相続人（子・父母・兄弟姉妹）がいる場合は、法で定められた割合で分配します。血族相続人が複数いる場合は、相続分を同順位の相続人の数で均等に分配します。

配偶者のみ

子も父母も兄弟姉妹もいない場合は、配偶者がすべて相続。

配偶者＋子（第１順位）

配偶者と子がそれぞれ２分の１ずつ相続。

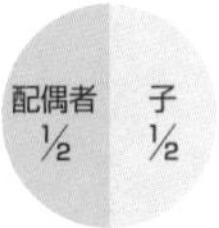

配偶者＋父母（第２順位）

子はいないが父母がいる場合は、配偶者の相続分は３分の２、残りの３分の１を父母が相続。

配偶者＋兄弟姉妹（第３順位）

子も父母もいないが兄弟姉妹がいる場合は、配偶者の相続分は４分の３、兄弟姉妹は残りの４分の１を相続。

◆法定相続人が保証される相続分

被相続人は遺言により、自由に財産を処分できますが、不公平な遺言では、相続人の権利が侵害されるおそれがあります。そこで、相続人が最低限取得できる相続分として、「遺留分《いりゅうぶん》」という制度があります。

仮に、遺言により遺留分を下回る相続分を指定されても（遺留分の侵害）、納得できない場合は、通常は相続開始の日から1年以内に「遺留分侵害額請求」を行うことで、自身が相続する権利のある遺留分を維持できます。減殺請求を起こす場合は、その旨を書面にして内容証明郵便で遺留分を侵している相手に送ります。

遺留分の権利者と遺留分

遺留分は、配偶者と血族相続人の組み合わせで割合が決まります。配偶者、第１順位となる子（直系卑属《ひぞく》）、第２順位となる父母（直系尊属《そんぞく》）のみに遺留分の権利があります。第３順位の兄弟姉妹には遺留分はありません。

配偶者のみ

遺言で処分できる分と配偶者の遺留分は、ともに２分の１。

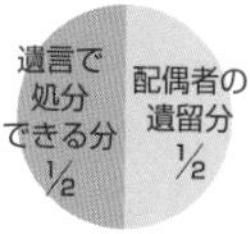

配偶者＋子

遺言で処分できる分は２分の１、配偶者と子の遺留分はそれぞれ４分の１ずつになる。

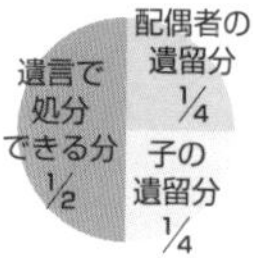

配偶者＋父母

遺言で処分できる分は２分の１、配偶者の遺留分は３分の１、父母の遺留分は６分の1。

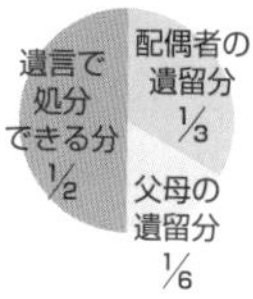

子のみ

遺言で処分できる分 …… 1/2
子の遺留分 …… 1/2

父母のみ

遺言で処分できる分 …… 2/3
父母の遺留分 …… 1/3

遺留分算定方法

遺留分の侵害額請求の対象となる財産は、相続開始時点の時価に換算した上で、下記の算式で総額を計算し、その総額に遺留分の割合を乗じて各相続人の遺留分を算出します。

相続開始時の財産

＋

相続開始前1年以内の贈与

＋

遺留分権利者に損害を与えることを知って行った贈与

＋

相続開始前10年以内の相続人への特別受益

×

遺留分割合　（P157参照）

遺留分の侵害額請求の具体例

○遺言の内容　長男に全財産を相続させる。

○相続人　長男と次男（次男の遺留分は½×½＝¼）

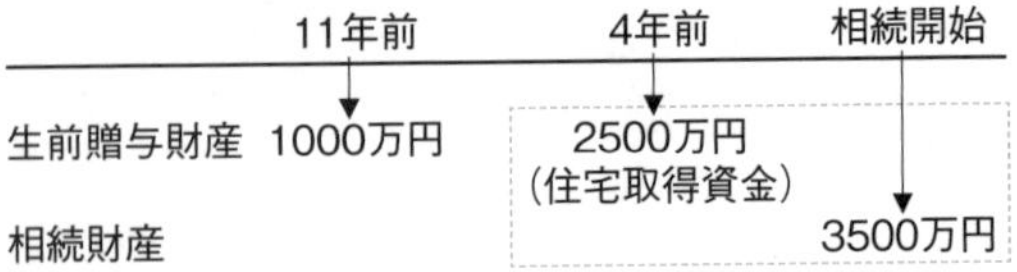

相続財産

相続財産が3500万円、相続開始前4年の長男への住宅取得資金の贈与が2500万円、11年前の生前贈与が1000万円の場合、遺留分の対象財産は6000万円となります。

この場合、次男が長男に対して請求する遺留分は、下記の算式で計算します。

3500万円（相続財産）＋2500万円（住宅取得資金）＝6000万円

6000万円（遺留分の対象財産）×¼（次男の遺留分）＝1500万円（侵害額）

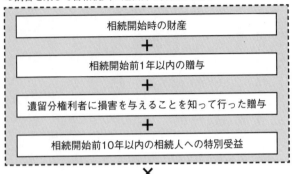

近年の相続税法改正の概要

2019年1月13日

● 自筆証書遺言の要件緩和（P167）

遺言を自筆で作成する場合、全文を自書する必要がありましたが、改正後は、本文のみ自書し、財産目録はワープロや登記事項証明書などのコピーで代用できるようになりました。

2019年7月10日

● 遺言書保管制度の創設（P167）

遺言者の住所地、本籍地、遺言者の所有する不動産の所在を管轄する法務局で、自筆証書遺言を保管する「遺言書保管制度」が創設されました。

● 配偶者への居住用不動産の贈与等と持ち戻し免除（P181）

婚姻期間が20年以上の配偶者へ居住用不動産を遺贈又は贈与した場合、遺産の先渡しとは考えず、「持ち戻し」を免除したものとして取り扱われることとなりました。

● 遺留分制度の見直し（P157、158）

遺留分を侵害された相続人は、遺留分を侵害した者に対する侵害請求の対象財産は、改正前は相続財産に対する持分でしたが、改正後は金銭を請求できるようになりました。

また、遺留分の対象となる財産に含める相続人に対する贈与財産は、相続開始前10年以内の贈与に限定されることとなりました。

● 特別の寄与の制度の創設（P182）

相続人以外の被相続人の親族が、被相続人の財産の維持・増加に貢献したときは、相続人に対して、「特別な寄与」として金銭を請求できるようになりました。

2020年4月1日

● 配偶者居住権の創設（P184）

配偶者が被相続人の所有していた建物に居住していた場合、配偶者は遺産分割協議又は遺言により配偶者居住権を取得することができ、終身又は一定期間、その建物に無償で居住することのできる配偶者居住権という権利が創設されました。

2023年4月1日

● 遺産分割の期間制限（P183）

相続開始から10年経過後は、特別受益や寄与分の主張ができなくなり、「具体的な相続分」ではなく、法定相続分や遺言による指定相続分を分割の基準とすることとなりました。

2024年4月1日

● 相続登記申請の義務化（P198）

不動産を相続しても相続登記をせずに放置する相続人が多く、所有者不明土地として問題になっていたため、不動産を取得した相続人は、その取得を知った日から3年以内の相続登記申請が義務化されます。

相続財産の調査

◆相続財産の調査と財産目録の作成

相続が開始されたら、どのような財産があるのかを調べて、財産目録を作成します。財産を調べるのは、相続財産を確定してその価値を評価し、遺産分割の基準にしたり、相続税の有無を確認したりするためです。また、債務があって家庭裁判所に相続放棄の申し立てをする場合は、期限である3ヵ月以内に手続きが必要です。なお、財産と債務を3ヵ月以内に調査できない場合は、期間伸長の申し立てもできます。

財産目録の作成の一例

財産目録には決まった形式はないので、財産と債務を分け、遺産の金銭的な評価もしておくとよいでしょう。

1 不動産（土地）

番号	所在	地番	地目	面積	おおよその時価	備考	
①	東京都新宿区○町○丁目	○番	宅地	100㎡	5000 万円	亡父○○○○名義。母が居住。	
②	埼玉県秩父市○町	○番	山林	800㎡	300 万円	売却困難。	

2 不動産（建物）

番号	所在	地番	種類	構造	面積	おおよその時価	備考
①	東京都新宿区○町○丁目	○番	居宅	木造瓦葺2階建て	180㎡	300 万円	亡父○○○○名義。母が居住。

3 動産

番号	細目	所在	年式	おおよその評価額	備考		
①	自動車（トヨタ○○○○）	自宅車庫	○○○	120 万円	使用可能		

相続財産の調べ方

財産調査の基本は家探し

動産（現金、貴金属、家財など）だけではなく、預金通帳や保険証書、不動産の権利書、固定資産税の納税通知書なども探します。

ただし、被相続人が生前に売却や解約、返済をしている可能性もあり、財産や債務が書類どおりとは限りません。見つかった書類などを手がかりに、登記所や銀行で内容の確認を取りましょう。

近年は書類の電子化が進み、インターネットによる取引も一般化しているため、証明書類がないケースも。故人のパソコンのメールやファイルもチェックし、場合によっては金融機関や証券会社に事情を説明し、内容を証明する書類を出してもらう必要があります。

財産ごとの調査方法

● 不動産（土地・建物）
不動産登記簿謄本、名寄帳、固定資産税納税通知書、不動産売買契約書などで確認する。

● 株式・有価証券
金融機関からの郵便物、預金通帳の入金記録をチェック。株主総会の案内状や社債の償還状などを見て、各社に問い合わせる。

● デジタル遺産
ネット銀行やネット証券、暗号資産など。パソコンやスマートフォンを開いて、その存在を探す。IDなど不明な場合は専門の業者に依頼することとなる。

● 生命保険
「生命保険協会」へ問い合わせます。

● 預貯金
被相続人の通帳で確認する。通帳がない場合は各金融機関に口座の有無を聞く。

● 動産
自動車など登録制度のあるものは、車検証などの書面を確認。家具や美術品など登録制度のないものは、現物を確保して確認する。

● 借金・債務
借用書などの書類や預金通帳の取引明細、登記等謄本で確認。その他、「全国銀行個人情報センター（KSC）」、「株式会社シー・アイ・シー（CIC）」、「株式会社日本信用情報機構（JICC）」に問い合わせます。

財産や書類が見つからない場合

財産や重要書類が自宅にない場合、銀行の貸金庫に預けているケースも考えられます。被相続人が貸金庫を借りていれば、預金通帳から手数料が引き落とされています。

相続方法の決定・承認と放棄

◆相続の承認と放棄

財産を相続するかどうかは、相続人が自由に決めることができます。被相続人の財産上の権利と義務のすべてを受け継ぐことを「単純承認」といい、プラス財産もマイナス財産も無条件で受け継ぎます。

しかし、プラス財産よりマイナス財産が多く、借金を引き継ぎたくない場合、相続の開始から3ヵ月以内に家庭裁判所に申し立てれば「相続放棄」も可能です。いったん放棄すると、取り消しはできません。

◆相続を限定的に承認

放棄したくないが、借金がどのくらいあるかわからない場合、「限定承認」という選択肢もあります。これは、相続によって得たプラス財産でマイナス財産を弁済し、プラスを超えるマイナスがあっても、相続人は支払わなくてよいという制度です。

しかし、手続きが複雑で、すべての相続人が共同で行わないといけないため、現在は限定承認を選択するケースはあまり多くありません。

限定承認と相続放棄の注意点

限定承認

相続で得た財産の範囲内で、被相続人の債務を受け継ぐことを承認して相続します。債務がどのぐらいあるかわからない場合や、どうしても家屋敷などを残したい場合などに有効。家庭裁判所には財産目録を作成して、相続人全員で申し立てる必要があります。なお、不動産などがある場合は、被相続人が相続人へこれらの財産を時価で譲渡したものとみなして、譲渡益があれば準確定申告が必要です。

●限定承認

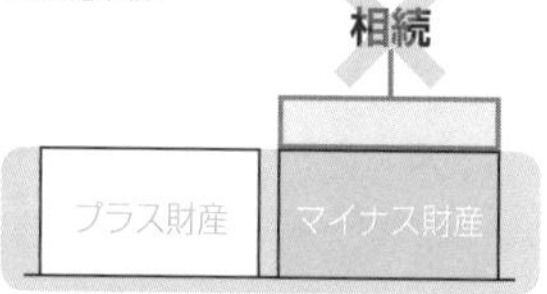

プラス財産の範囲内でマイナス財産を相続（弁済）する。プラス財産を超える分については相続しない。

相続放棄

相続人1人の意思で行うことができます。相続放棄するとはじめから相続人ではなかったことになり、その人がいないものとして相続の順位や相続分が決定されます。財産より債務が多い場合はもちろん、遺産分割についてほかの相続人とのトラブルを避けるために放棄の手続きをとることもあります。なお相続人の間で相続放棄を決めただけでは、法的には支払義務が残ります。かならず家庭裁判所で手続きしましょう。

●相続放棄

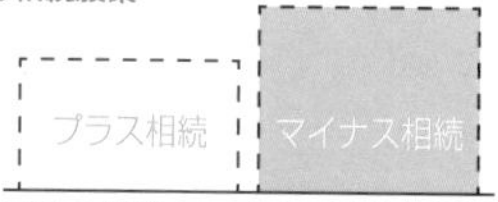

プラス財産もマイナス財産も相続しない。

Tips 単純承認とみなされるケース

限定承認または相続放棄の手続きを行う前後で、法律上、自動的に単純承認したとみなされてしまうケースです。

- **手続き前**
  相続人が財産の全部または一部を処分してしまった場合。
- **手続き後**
  故意に財産を隠匿《いんとく》、消費したことが発覚した場合や、財産の存在を知っていながら目録に記載していなかった場合。

遺言書が見つかったら

◆被相続人の意思を示す遺言書

遺言書は被相続人（故人）が相続や身分などに関する意思を書面の形に残したものです。現在の法律では法定相続による遺産分割よりも、遺言による相続が優先されているので、遺言書を残すことは死後の相続トラブルを防ぎ、自分の意思を残す手段として確実な方法といえます。

また、遺言の執行者を決めることにより、相続の手続きをスムーズに進めることができます。

◆一般的な遺言書の種類

遺言には、被相続人の直筆で作成される「自筆証書遺言」、公証人に作成を依頼する「公正証書遺言」、自筆や代筆を問わず、作成後に公証人に証明してもらう「秘密証書遺言」があります。

このうち、自筆証書遺言と秘密証書遺言は、発見後すみやかに家庭裁判所で「検《けん》認《にん》」の手続きを取らなくてはなりません（⇩Ｐ１７０）。公正証書遺言と法務局に保管してある自筆証書遺言は、検認不要です。

普通方式の遺言

自筆証書遺言

被相続人本人が必ず自筆でその全文、署名、正確な日付を書き、捺印します。なお財産目録をパソコンで作成することもできますが、全ページに署名と押印が必要です（⇨P167）。自筆証書遺言は費用もかからず簡単に作成でき、死ぬまで内容を秘密にしておくことが可能です。しかし、方式に不備があって無効になることもあり、第三者による変造や偽造、隠匿の可能性もあります。家庭裁判所で検認が必要です。

公正証書遺言

被相続人が2人以上の証人の立ち会いのもとに、遺言内容を公証人に口述して、遺言書の作成と原本の保管をしてもらう方法。もっとも安全で確実な方式で、偽造の心配もありません。ただし証人に遺言の内容を聞かれてしまうので、秘密を守れる信用できる人を選びましょう。

費用はかかりますが、専門家による作成なので、方式が不備で無効になることもなく、紛失することもありません。また、検認も不要です。

秘密証書遺言

遺言内容を死ぬまで秘密にしておきたいが、確実に保管をしておきたい場合に作成されます。遺言する人は遺言書に署名、捺印して封筒に入れ、同じ印で封印します。これを2人以上の証人の立会いのもとに公証人に提出し、自分の遺言書であることを申し立てます。

パソコンで作成したものも有効です。変造や偽造、紛失の危険はありませんが、方式不備で無効となる危険があります。

遺言の種類

民法で定められた遺言の方式には、一般的に用いられる「普通方式」と、特殊な災害や病気などの緊急時にのみ用いられる「特別方式」があります。いずれの場合も民法で定められた方式に従い、「遺言書」を作成しないと法律的な効力は生じません。

遺言書の封筒の例（自筆証書遺言）

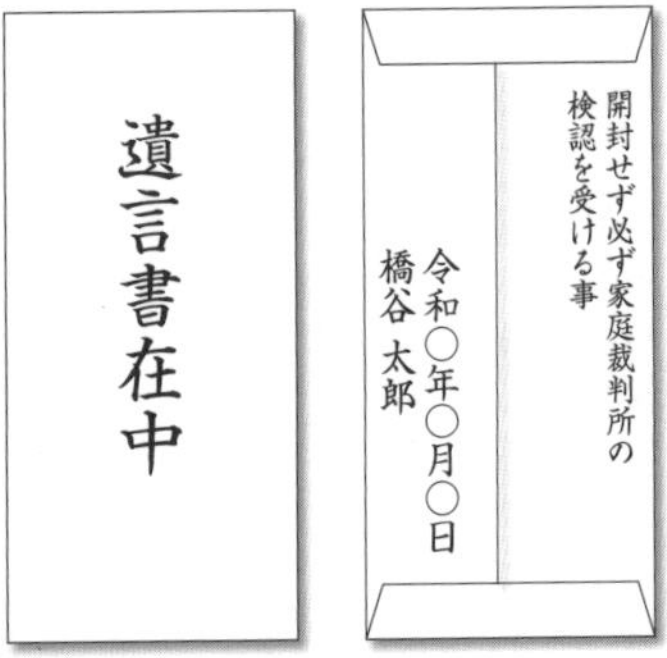
遺言書在中
開封せず必ず家庭裁判所の検認を受ける事
令和○年○月○日
橋谷 太郎

一般的な遺言書の例（普通方式・自筆証書遺言）

遺言書

遺言者　橋谷太郎は、次のとおり遺言する。

一．妻花子には、次の財産を相続させる。

（一）○市○町○番○、宅地、○○.○○m²

（二）○市○町○番地○　○番○

木造かわらぶき2階建　1階○m²　2階○m²

（三）○○銀行○○支店の預金債権の全額

二．長男義男には、次の財産を相続させる。

（一）○市○町○番○、宅地、○○.○○m²

三．妻花子には、前記以外の一切の財産を相続させる。

四．遺言執行者として、長男義男を指名する。

令和○年○月○日

都道府県市区町村番地

橋谷太郎　㊞

※財産分配について記載されているかを確認する。重要なのは、相続人とその相続分の割合がどのように指定されているかということ。

パソコンで作る自筆証書遺言

自筆証書遺言は、全文を自筆で書かないと無効になってしまいましたが、2019年1月13日以降に作成した自筆証書遺言は、財産目録をパソコンで作成するほか、不動産の登記事項証明書や通帳のコピーで代用することができるようになりました。なお、この財産目録は、全てのページに日付と氏名を自書し押印します。

また、遺言の本文と財産目録をホチキス止めして割印を押すことは、法律上の要件ではありませんが、一体性を保つことはできます。

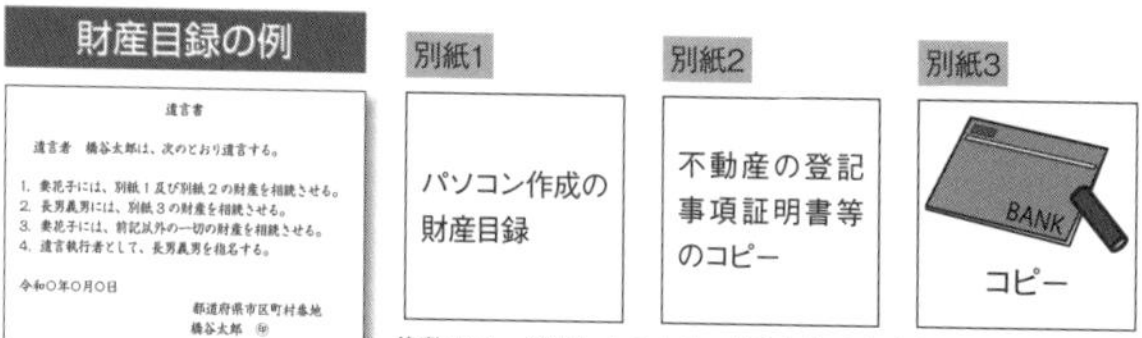

複数のページにわたるため、紛失を防ぐ意味合いとして、ホチキス止めするか、封をするなど工夫が必要となる。

自筆証書遺言を法務局に保管する場合の注意点（2020年7月10日施行）

自筆証書遺言を法務局で保管する制度を「遺言書保管制度」といい、2020年7月10日に施行されました。

1. 遺言保管制度のメリット

・遺言書保管申請時に、民法に定める自筆証書遺言の形式に適合しているかどうかのチェックを受けることができます。

・自筆証書遺言は、相続開始後に家庭裁判所で検認が必要ですが、「遺言保管制度」を利用している場合は、検認が不要です。

2. 遺言書保管制度を利用するときの要件

遺言書保管制度を利用する場合は、民法上の要件のほか、次の様式上の要件があります。

A4サイズの用紙を使用／上側5mm、下側10mm、左側20mm、右側5mmの余白を確保／片面に記載／各ページにページ番号を記載／複数ページでも、とじこまない

3. 相続開始後の手続き

相続開始後、相続人や受遺者、遺言執行者等は、法務局に「遺言書保管事実証明書」や遺言が保管されている場合は「遺言書情報証明書」の交付を請求することができます。また、関係者の誰かが法務局で遺言書の閲覧や「遺言書情報証明書」の請求をしたときは、遺言書が保管されている旨を関係者に通知する「関係遺言書保管通知」という制度があります。

遺言書を探す

親が亡くなったら、遺産の分割に備えて遺言書を探す必要があります。公正証書遺言の原本は、公証役場に保管されているので、遺言の有無を検索することもできます。また、法務局の「自筆証書遺言保管制度」を利用している場合もあります。

遺言書が見つからない場合

あるはずの遺言書が見つからないときは、被相続人が遺言を撤回して破棄するなど以下のケースが考えられます。

- **被相続人による遺言の撤回と破棄**
  撤回して破棄した場合はないものとしてもかまいませんが、遺言を変更した可能性もあるので、確認が必要です。
- **相続人による遺言書の隠匿、破棄**
  隠匿、破棄したのが相続人だった場合、「相続欠格」となり相続権を失います（⇨P155）。
- **遺言書の行方不明**
  遺言書を紛失した場合、そのコピーなどがあれば相続人による遺産分割のときの参考になります。

遺言書が必要となる特殊なケース

遺言は相続トラブルを避けるためだけではなく、以下のケースで必要になります。

Tips

遺言書が必要となる特殊なケース

遺言は相続トラブルを避けるためだけではなく、以下のケースで必要になります。

- **故人の意思で遺産の相続分を指定したい場合**
  被相続人が生前に遺産の分配について指示していたとしても、遺言書がないと法定相続分が優先されてしまいます。
- **相続人以外の人が遺産相続する場合**
  内縁関係の妻、生前に介護に努めた息子の嫁、事業の後継者など、相続人以外の人は遺言がないと相続できません。
- **相続人の中に意思能力の欠ける人や行方不明者がいる場合**
- **スムーズに名義変更手続きを済ませたい場合**

◆遺言検索システムで確認

遺言検索システムは、平成元年以降に全国の公証役場で作成された公正証書遺言のデータが一元管理しています。

遺言を作成した方が亡くなった後であれば、相続人は公証役場の遺言検索システムを利用して遺言の有無を確認できます。

相続人が検索する場合は、法定相続情報一覧図、身分証明書が必要です。

遺言書が存在した場合、手数料を支払い遺言書を保管してある公証役場に公正証書遺言の謄本を請求しますが、保管してある公証役場が遠方のときは、最寄りの公証役場で手続きを行えば、郵送請求も可能です。

◆法務局で遺言の確認

亡くなった方が自筆証書遺言を法務局に保管を申請していた場合、相続開始後であれば、相続人、受遺者、遺言執行者等の方は、遺言書保管事実証明書の交付を法務局に請求し、遺言書の保管の事実の有無を確認できます。遺言書が保管されていた場合、遺言の画像情報を受け取り、遺言書の原本の代わりとして、相続手続きに利用します。

なお、遺言者が希望すれば、法務局が遺言者の死亡の事実を確認したときに、遺言者の指定した者に法務局に遺言書が保管されている旨を通知する「死亡時通知」という制度があります。

遺言書の検《けん》認《にん》手続き

◆遺言を保管し、偽造や変造を防ぐ

遺言書を自宅や銀行の貸金庫で発見した場合、すみやかに家庭裁判所へ「検認」の申し立てを行います。

検認は、遺言書が本当に被相続人の作成したものであるかを確かめ、利害のある関係者にその内容を知らせ、偽造や変造を防いで確実に保存するために行われるものです。一種の証拠保全の手続きであって、遺言が有効かどうか、あるいは内容が正しいかどうかを判断する手続きではありません。

◆遺言書と検認に関する罰則

検認の手続きをしなくても、その遺言書が無効になることはありません。しかし、被相続人の遺言を見つけた相続人が、故意に遺言書の提出を怠ったり、破棄したり、検認をしないで遺言を執行したりすると5万円以下の過料に処せられます。

また、遺言書に封がしてあった場合、検認を経ずに開封してしまうと、遺言書が無効になることはありませんが、同様に5万円以下の過料に処せられます。

遺言書の検認手続きの流れ

公正証書遺言以外の遺言書を保管していた人、もしくは発見した人は、相続開始後すみやかに遺言書を提出して、検認の申し立てを行わなければなりません。

① 検認の申し立て

重要

申立人は遺言書の保管者、あるいは遺言書を発見した相続人。申立先は被相続人の最後の住所地の家庭裁判所になる。必要な書類と費用（下記必要書類参照）を用意して、提出する。

必要書類

- 遺言書の検認申立書 ……………………………… 1通
- 被相続人（遺言者）の出生時から死亡までのすべての戸籍謄本（除籍、改正原戸籍も含む）………………… 各1通
- 相続人全員の戸籍謄本 ………………………… 各1通
- 相続人・利害関係人の名簿 ……………………… 1通

※上記以外の書類が必要な場合もある。

② 検認期日の決定

検認を行う日か決定したら、家庭裁判所より相続人らの利害関係者に検認期日が通知される。

③ 市区町村の役場に郵送

重要

相続人または代理人の立ち会いのもとで、裁判官が遺言書を開封する。検認として遺言書の形状、訂正などの状態、署名、日付、内容などの一切を調べ、偽造や変造の予防のために検認日の遺言書の現状を明確にする。

④ 検認調書の作成

遺言書原本に「検認済証明書」を添付して、申立者に返還される。

アドバイス

遺言書1通につき800円分の印紙が必要です。また、連絡用の郵便切手も必要なので、金額を家庭裁判所に確認しましょう。

遺言を執行する

◆遺言を実現させる遺言執行者

遺言の執行とは、遺言書に示されている内容を実現することです。不動産の名義変更や預貯金の解約などは相続人でもできますが、相続人の認知や廃除、取り消しといった特別な手続きは、選任された「遺言執行者」のみが行えます。

遺言執行者は相続財産の管理や遺言の執行に必要な一切の行為をする権利と義務を持ちます。相続人であっても、遺言執行者の活動を妨げることはできません。選任は必須ではありませんが、遺言執行者がいれば、相続や遺贈に関する手続きがよりスムーズに進められるようになります。

◆遺言執行者の選任

遺言執行者は、遺言書の中で被相続人によって指定されている場合があります。この場合は、指定されている人に引き受ける意思があるか確認しなければなりません。

その人が辞退した場合や、執行者が指定されていない場合は、家庭裁判所に遺言執行者の選任の申し立てを行います。

遺言執行者が行う活動

遺言の内容には、実行するのに遺言執行者が不可欠な事項があります。また、特別な知識が必要なもの、手続きが難解な事項は、専門家に相談することをお勧めします。

遺言執行者にしかできない事項

- **相続人の廃除と取り消しの申し立て**
  特定の相続人から相続権を奪う廃除と、廃除の取り消しがあった場合は、家庭裁判所に申し立てます。
- **子の認知**
  子の戸籍の届け出を行います。子が18歳以上なら本人の承諾が必要です。

遺言執行者に任せたい事項

- **財産目録の作成**
  不動産登記簿や権利書など必要な書類をそろえて財産目録を作成し、相続人に提示します。
- **相続人の相続割合や分配を執行**
  遺言に従い、相続割合を指定して分配します。登記の申請、債務の弁済なども行います。
- **遺贈する財産の引き渡しや登記**
  相続人以外に財産を贈る場合は、遺産の引き渡しや不動産の登記を行います。
- **財産の管理**
  財産の不法占有者への明け渡しや移転の請求、未納家賃の取り立てなどを行います。

相続登記をしないと所有権を主張できない

「別紙目録記載の不動産を相続人Aに相続させる（特定財産承継遺言といいます）」という遺言があった場合、相続人Aは、相続登記を完了させないと、法定相続分を超える部分は、第三者にその不動産の所有権を主張することができません。

なお、相続人は第三者ではありませんので、相続人Aは、他の相続人に対し、所有権を主張することはできます。

このため、相続による名義変更は、先延ばしせず、早急に手続きを進める必要があります。

〈例〉

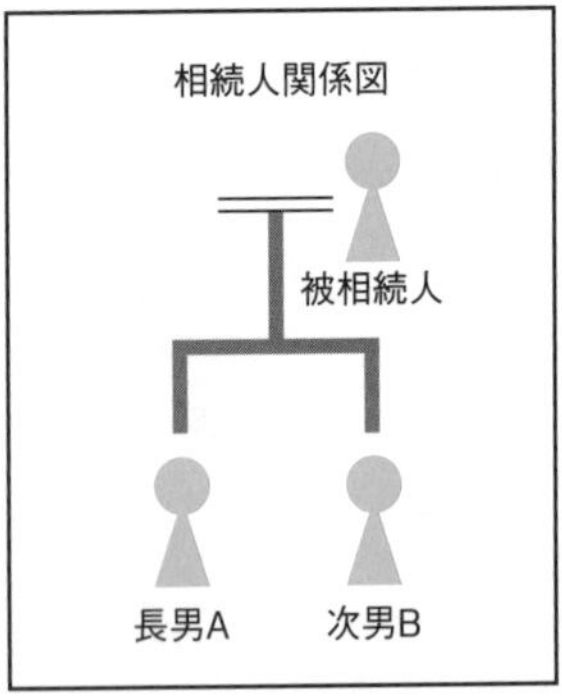

被相続人は、長男Aに「不動産を相続させる」旨の遺言を作成していました。

しかし、次男Bは、その不動産を法定相続分で相続登記を行い、その持分を第三者に売却しました。

このような場合、長男Aは、遺言を基に相続登記をしていないため、次男の持分を購入した第三者に、所有権を主張することができません。

なお、この取扱いは、遺産分割協議の場合も同様です。

遺言執行者の資格と業務内容

遺言執行者とは、遺言者に相続が発生した後に、相続財産を管理するとともに、相続人に変わって遺言書に記載されている内容を実現していくことが任されている人です。

遺言執行者に資格は不要なため、破産者と18歳未満の未成年者以外の方は、誰でも遺言執行者になることができます。

このため、弁護士や司法書士などの専門的な知識を持った人以外の相続人や受遺者も、遺言執行者として指定されます。

専門的な知識のない者が遺言執行者に指定された場合、遺産の名義変更手続きが進まないことも想定されます。

2019年7月1日以後に作成された遺言では、遺言の執行について第三者に任務を行わせることができます。

なお、2019年6月30日以前に作成された遺言では、「遺言執行者は、本遺言執行に関し、第三者にその任務を行わせることができる」と明記されているケースが多いですが、その記載がなくても、不動産の名義変更や預金の解約などの特定の手続きを専門家に依頼することはできます。

一般的な遺言執行の流れ

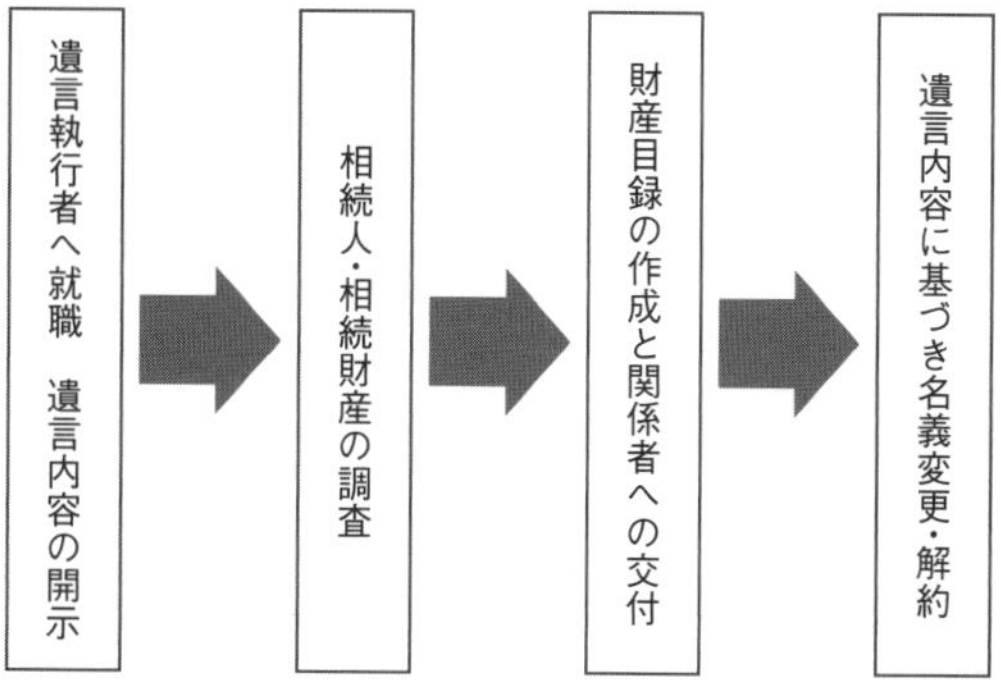

※就職：遺言執行者がその地位に就くこと。

遺言を否定するケース

◆遺贈《いぞう》を放棄することもできる

遺言書があればその内容に従って遺産分割を行いますが、その内容が受遺者《じゅいしゃ》（遺言によって遺産を受け取る人）である相続人にとって不都合な場合があります。

また、遺言が書かれたときから年月が経って、社会的環境や相続人の立場が変化して、遺言通りに執行しても意味がない場合もあります。このような場合、受遺者が遺贈を放棄すれば、相続人の間で遺言内容と異なる遺産分割が可能になります。

遺贈の放棄

遺贈には、「特定遺贈」と「包括遺贈」があり、特定遺贈はいつでも放棄できます。遺言執行者がいる場合は、内容証明付郵便で行います。包括遺贈の場合は、相続の開始から３ヵ月以内に家庭裁判所に申し立てます（⇨ P162）。

モデルケース：遺言通りにすると損してしまう？

被相続人のA氏は「全財産を換価《かんか》のうえ、子ども３人に平等に分配する」という自筆証書遺言を残した。しかし、自宅も財産の多くを占める株式も、買ったときよりもかなりの値下がり。ここで売却しても損になるだけと、相続人全員一致で遺贈を放棄し、遺産分割協議で財産を円満に分割した。

◆疑問があれば遺言無効確認訴訟へ

他人が手を添えて遺言書を書いたりした場合、認知症などで被相続人に正常な判断力がなかったり、遺言が本当に被相続人の意思によるものなのか、遺言自体の真偽に疑いが持たれたりすることがあります。

自筆証書遺言で明らかに筆跡がちがう場合や、筆致に乱れがある場合は、偽造や無理やり書かされた可能性があります。公正証書遺言であっても、数分の面談では遺言能力の有無を正確に判断できないこともあります。このような場合は、遺言の効力を「遺言無効確認訴訟」で争うことも考えなくてはなりません。

遺言無効確認訴訟

遺言無効確認訴訟は遺言の効力を争う訴訟で、地方裁判所で行われることがあります。

モデルケース：自分に有利な遺言を作成？

90歳のB氏は、亡くなる1年前にほぼ法定相続分に近い割合で相続させる内容の公正証書遺言を作成した。その半年後にB氏は病気のため入院生活を送るようになった。

相続が発生して、公正証書遺言に基づき執行しようとしたところ、B氏の面倒を見ていた長男から、亡くなる1ヵ月前に作成した長男に有利な内容の自筆証書遺言の提出があった。長男以外の相続人はB氏に遺言能力があったかどうか、長男を被告として遺言無効確認訴訟で争っている。

遺産の分割を話し合う（遺産分割協議）

◆相続人の間で遺産分割を検討

相続は、遺言書があれば原則としてそれに従い、ない場合は相続人全員が「遺産分割協議」で話し合って相続分を決めます。遺言があっても、内容が相続人に不都合な場合、遺贈を放棄したうえで協議して遺言とはちがう相続を行うことも可能です。

遺産分割協議の方法に決まりはありませんが、話し合い後のトラブルを避けるために「遺産分割協議書」を作成し、全員が署名と捺印をします（⇩Ｐ１９０）。

◆相続人全員参加が分割協議の原則

原則として、遺産分割協議には相続人全員が参加する必要があり、正当な相続人が1人でも欠けると、協議自体が有効に成立しません。なお、相続人に未成年者や行方不明の者がいる場合、代理人を立てて分割協議を行います（⇩Ｐ１８６）。

また、相続権を放棄した者や相続欠格、相続廃除の対象者は相続人ではなくなるため、遺産分割協議に参加することができません。

遺産分割協議の留意点

相続人全員の合意があれば、分割の方法（下記参照）について法律的決まりはなく、分割の割合も任意で決められます。また遺産の状態を考慮して行われますが、家業にまつわる財産や土地などは、分割することで価値が下がる場合もあります。相続人の健康や経済状況について、配慮も必要です。

遺産分割の方法

● **現物分割（単有）**

土地は長男が、預貯金は次男がといったように、相続人がそれぞれ個別に取得する財産を決めて単独で所有する。それぞれ取得するものの価値がちがうため相続人の間に不公平感が残ることがある。

● **現物分割（共有）**

不動産など遺産の一部または全部を相続人全員が共同で所有する方法。相続した財産を処分したい場合などは、共有者全員の合意が必要になるので問題を残しやすい。

● **換価分割**

現物分割ができない場合や、現物分割すると価値が下がる場合などに遺産を売却し、金銭に換えて分割する。不動産や上場株式などを売却すると、所得税や住民税がかかることがある。

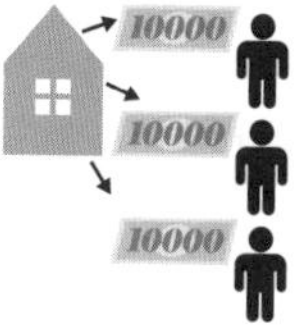

● **代償分割**

農地や自社株などのように、分割して相続することが適当でない場合、現物を1人または数人が取り、ほかの相続人との相続分の差額を現金で支払う。自分の資産で相続分の差額を支払わなければならないので、ある程度の資産が必要。

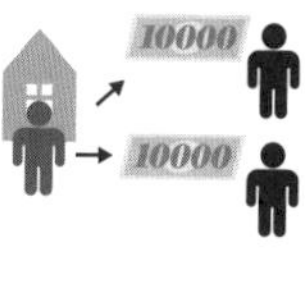

◆遺産の前渡し「特別受益」

「特別受益」とは、被相続人の生前に、相続人の中の1人がほかの相続人と比べて多めにもらった財産をいい、相続分の前渡しとみなされます。おもに、結婚や養子縁組のときの支度金、建築資金の援助などの「生前贈与」が特別受益とされます。

遺産分割における相続財産の計算に、これらの遺産の前渡しとしての特別受益を加えます。そして相続分の計算をしたうえで分割協議を行います。その際、お金の価値の変動を考慮して、財産をもらったときの価額を相続がはじまったときの価額に換算して計算をします。

特別受益とみなされるケース

● **婚姻・養子縁組のための生前贈与**

持参金、結納金、支度金のほかに、高額な嫁入り道具なども含まれます。挙式費用は、通常は特別受益とはみなされません。

● **生計の資本としての生前贈与**

生計の基礎として役立つような贈与。事業をはじめるときの開業資金、自宅を買うときの頭金の支援、1人だけ進学した場合の学費（大学進学や留学）、借金返済の肩代わりなどが、これにあたります。

● **遺贈**

相続人に対する遺贈も特別受益となります。遺贈とは、被相続人が遺言によって第三者（受遺者）に財産を贈与することを指し、この場合は遺言による遺産相続を意味します。

◆遺産分割時の配偶者優遇策

遺産の前渡しを「特別受益」といいますが、その特別受益を相続財産に加算した「みなし相続財産」を基に遺産分割を行います。この特別受益を相続財産に加算することを「持ち戻し」といいます。

遺言では他の相続人の遺留分を侵害しない範囲で、特別受益の持ち戻しを免除する旨を定めることができます。持ち戻しの対象には配偶者が取得した自宅も含まれますが、婚姻期間が20年以上の夫婦間で、２０１９年7月1日以降に居住用の土地・建物を贈与又は遺贈したときは、持ち戻し免除として相続財産に加算する必要はありません。

贈与税の配偶者控除

婚姻期間が20年以上の配偶者から居住用不動産または居住用不動産を購入するための金銭の贈与を受けた場合、贈与を受けた年の翌年3月15日までに居住し、引き続き居住する見込みであれば、贈与財産の評価額が2000万円（基礎控除を加味すれば2110万円）までは、贈与税は発生しません。

この特例の適用を受ける場合は、申告期限内に贈与税の申告書を提出する必要があります。

なお、居住用不動産の所有権移転に伴う登録免許税や不動産取得税については、軽減の特例はありません。

【民法と贈与税のちがい】

	民法	贈与税
婚姻期間	20年以上	20年以上
移転事由	贈与・遺贈	贈与
対象財産	居住用不動産	居住用不動産 居住用不動産を取得するための金銭
特例の対象額	制限なし	2000万円
要件	居住していること	居住すること 贈与税の申告書を提出すること

◆寄与分は遺産総額から差し引く

被相続人の財産の維持や増加のために、特別に貢献した相続人には、相続分のほかに「寄与分」があるとみなされます。

特別な貢献は形に現れないことも多く、それをどのように金額に換算するかが問題となります。寄与分は相続人の話し合いで決められ、協議がまとまらないときは、家庭裁判所が定めます。

寄与分はあらかじめ遺産総額から差し引かれ、残った額を法定相続分に沿って分割し、その後寄与者の相続分に加算されます。また、相続人以外の親族であっても、「特別寄与料」が認められるときもあります。

寄与分が認められるケース

- **家業従事型**
  被相続人の営む事業に、無報酬あるいはそれに近い状態で長期間従事し、財産の維持と増加に寄与した場合。
- **財産給付型**
  被相続人やその事業に対して利益を増加させたり、借金を返したりして、財産の維持、増加に寄与した場合。
- **療養看護型**
  被相続人の療養看護を行ない、付き添い看護費用の支出を免れさせるなどして、財産の維持に寄与した場合。
- **扶養型**
  被相続人を扶養して生活費をまかない、財産の維持に寄与した場合。
- **財産管理型**
  被相続人の財産の管理を行い、管理費用の支出を免れさせるなどして、財産の維持に寄与した場合。

具体的な相続分の計算方法

「具体的な相続分」とは、法定相続分や遺言による指定相続分に、特別受益や寄与分による各相続人の状況を加味して修正した割合をいいます。

なお、相続財産の価額と特別受益の額は、相続開始時点の時価に換算します。

相続分の計算例

相続人は、長男Aと次男Bの2人
相続財産　5000万円、長男Aの寄与分　500万円、次男Bの特別受益　1500万円

相続財産の価額 ＋ 特別受益の額 － 寄与分の額 ＝ みなし相続財産

みなし相続財産　5000万円＋1500万円－500万円＝6000万円
具体的な相続分
　長男A　6000万円×1/2＋500万円＝3500万円
　次男B　6000万円×1/2－1500万円＝1500万円

遺産分割の期間制限

遺産分割の基準は、「具体的な相続分」ですが、特別受益や寄与分に関する合意が難航することが多いため、特別受益や寄与分の主張ができなくなり、相続開始から10年経過後は、原則として、法定相続分又は指定相続分に限定されます。

なお、相続人の間で「具体的な相続分」の合意をしたときは、具体的な相続分による遺産分割をすることも可能です。

相続開始から時間がかかった場合

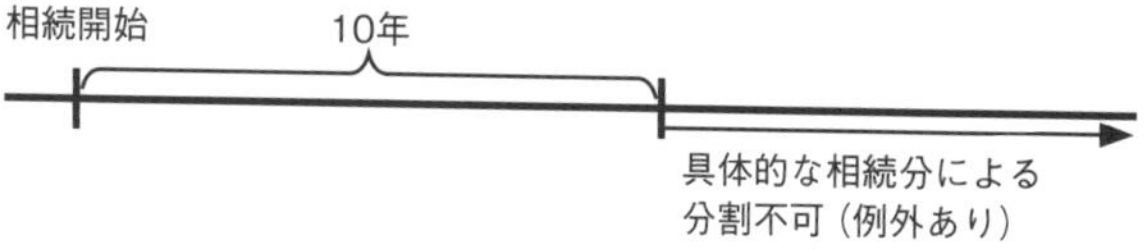

◆配偶者居住権を相続する

配偶者居住権とは、夫婦のいずれかに相続が開始した場合、残された配偶者はその自宅に、亡くなるまで、又は一定期間、無償で住み続けることができる権利をいいます。

配偶者居住権は、自宅を居住権と（負担付）所有権に分離し、居住権を配偶者が相続し、（負担付）所有権は他の相続人が相続します。なお、配偶者居住権の設定には、次の方法があります。

・遺言
・遺産分割協議
・死因贈与契約
・家庭裁判所における遺産分割審判

配偶者居住権の消滅に伴う税金

配偶者が、存続期間中に配偶者居住権を合意解除したときは、無償であれば所有権者に贈与税が発生し、有償であれば配偶者に譲渡所得税が発生します。

配偶者の死亡や存続期間満了に伴い、配偶者居住権が消滅したときは、課税関係は発生しません。

配偶者居住権がなくなった場合に発生する税金

配偶者居住権の消滅事由		発生する税金
配偶者の死亡		課税関係なし
存続期間満了		課税関係なし
合意解除	有償	配偶者に所得税
	無償	所有権者に贈与税

配偶者居住権のイメージ

一次相続では、妻が配偶者居住権を、長男は、（負担付）所有権を相続し、二次相続では、妻の死亡により、一次相続で長男が取得した（負担付）所有権が、完全所有権になります。

相続分の計算例

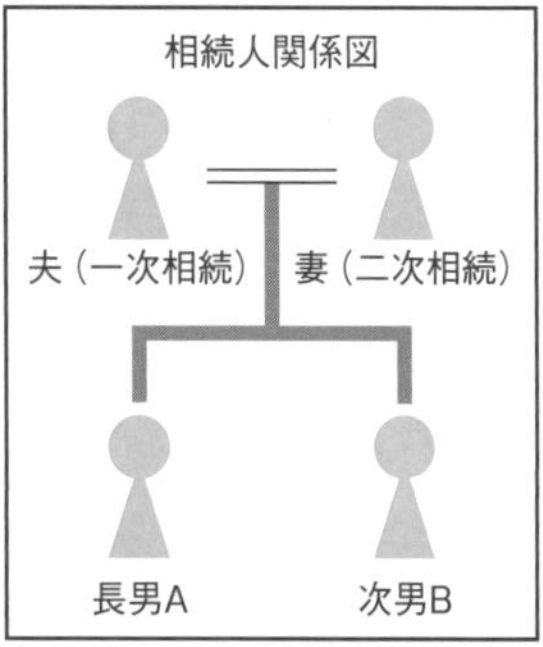

【一次相続】
配偶者居住権の設定

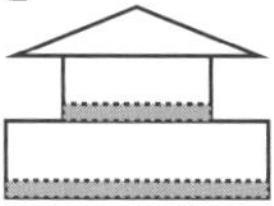

【二次相続】
配偶者居住権の消滅

配偶者居住権の要件

配偶者居住権の設定には、次の要件が必要です。

○ 残された配偶者は、亡くなった方の法律上の配偶者であること
○ 配偶者は、亡くなった方の所有している自宅に、亡くなった方と同居していたこと

自宅の所有形態	設定の可否
亡くなった方の単独所有	○
亡くなった方と配偶者の共有	○
亡くなった方と他の方との共有	×

○ 遺産分割、遺贈、死因贈与、家庭裁判所の審判のいずれかにより配偶者居住権を取得したこと

なお、配偶者居住権は、登記をしないとその権利を第三者に主張できないので、登記を忘れないようにします。

相続人の代理人を選定する

◆相続人の代理を選ぶ

相続人の中には、未成年者や行方不明者、認知症などで法的な判断ができない人がいる場合もあります。とはいえ、こうした人たちを除外して行った遺産分割は無効です。

未成年者で、その親も相続人である場合は「特別代理人」の選任を申し立てます。行方不明者がいる場合は「不在者財産管理人」を、病気などで意思表示ができない場合、相続人の代わりに協議に参加する「成年後《せいねんこう》見人《けんにん》」を選任するなどで協議を行います。

相続人の特殊ケース

未成年者がいる場合

満18歳にならない子は、分割協議には参加できません。そのため、未成年の相続人には、通常は親が子の代理人になります。しかし、親も相続人の場合は、家庭裁判所で特別代理人を選任してもらいます。右の例では子の祖父母なら特別代理人になることができます。子が複数人いる場合は、それぞれに特別代理人を選定する必要があります。なお申し立てができるのは、親権者と利害関係者です。

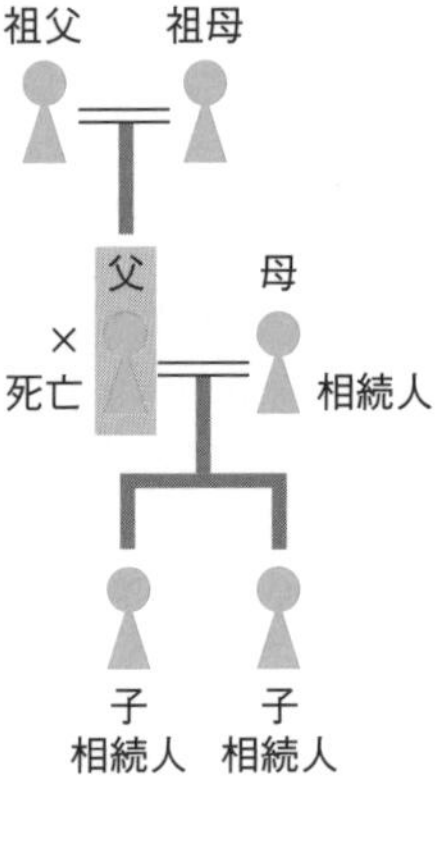

特別代理人選任の流れ

① 家庭裁判所に特別代理人の選任を申し立てる

↓

② 特別代理人が参加して、遺産分割協議を行う

行方不明者がいる場合

行方不明者の不在期間により対応が異なります。

① 行方不明の期間が7年未満

不在者の財産管理人の選任を申し立てます。不在者財産管理人の候補者は、被相続人の親族など利害関係のない人を候補者とし、そのまま選任されることが多くなっています。適当な候補者がいない場合は、家庭裁判所が弁護士などを不在者財産管理人として選任します。不在者に代わって遺産分割を行なう権限（権限外行為許可）の申し立ても必要です。

不在者財産管理の申し立ては、行方不明者の配偶者、ほかの相続人や債権者などの利害関係者、検察官です。

② 行方不明の期間が7年以上

家庭裁判所に失踪宣告を申し立てて、行方不明の相続人を死亡したものとして遺産分割協議を行うこともできます。しかし行方不明者に子供がいた場合は、子供が分割協議に参加します。

行方不明の期間が7年以上でも、失踪宣告を受けたくない場合は、①と同様に不在者財産管理人の選任を申し立てます。

不在者財産管理人選任の流れ

① 家庭裁判所に不在者の財産管理人の選任を申し立てる

↓

② 不在者財産管理人を交えて、遺産分割協議を行う

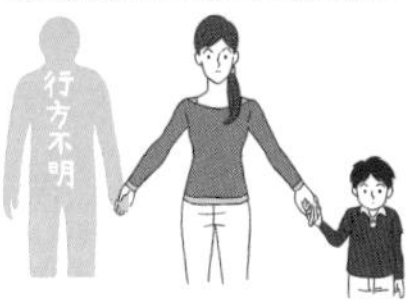

相続人が認知症などの場合

認知症など意思能力のない相続人がいる場合は、「成年後見制度」を利用して選任した後見人が、代理で遺産分割協議に参加するのが一般的です。成年後見制度には、大きく「法定後見制度」と「任意後見制度」の２つがあります。

認知症などの相続人が自ら選任した後見人（任意後見制度）がいる場合は、判断能力の低下したときに任意後見監督人を選任して協議を進めることができます。相続人が法律的な判断能力に欠けている状態で、なおかつ後見人がいない場合は、家庭裁判所に申し立てて審理を受け、後見人を選任してもらう（法定後見制度）必要があります。

認知症や知的障害、精神障害などがあるために判断能力が不十分で、不動産や預貯金などの財産管理、介護サービスや施設との契約、遺産分割協議などを行うのが困難な人を保護、支援する制度です。家庭裁判所が任命した後見人などが、財産管理や契約を行います。

成年後見人選任の流れ

① 家庭裁判所に成年後見人の選任を申し立てる

↓

② 家庭裁判所による審理

家庭裁判所の調査官により申立人、本人、成年後見人候補者が調査され、成年後見制度の利用について適格かどうかが審理される。同時に医師による精神鑑定も行われ、保護や支援の必要な度合いに応じて法定後見制度の類型が決められる。

↓

③ 遺産分割協議

家庭裁判所から審判が下され、成年後見制度（法定後見）が開始される。開始までは、事案によって数ヵ月かかる場合もある。

↓

④ 家庭裁判所による審理

法定後見制度

家庭裁判所が後見人などを選任する制度で、すでに自分でいろいろなことが判断できなくなった人が利用する制度です。保護や支援の必要な度合いに応じて「後見人」「保佐人」「補助人」が選任されます。

これらの支援者は本人の利益を考えて、代理で契約などの法律行為を行ったり、本人の法律行為に同意したり、本人が行った不利益な法律行為を取り消したりすることによって保護、支援を行います。法定後見制度は、本人以外に、配偶者や四親等内の親族、検察官などが後見を申し立てることができます。

任意後見制度

まだ判断能力が十分にある人が、将来、判断能力が低下したときに備えて、あらかじめ自分が選んだ人と委任契約を結ぶ制度で、近年利用者が急増しています。

任意後見人は、本人の家族や友人など信頼のおける人のほか、弁護士、司法書士、社会福祉士などの専門家や法人に依頼することができ、複数の人に頼んでもかまいません。

任意後見人になることを引き受けた人や本人の親族などが、家庭裁判所に「任意後見監督人」の選任の申し立てを行い、その選任後に実施されます。

Tips 本人の判断能力により3つの類型がある法定後見

- **後見（成年後見人）**
  判断能力が欠けているのが通常の場合。成年後見人は、財産に関するすべての代理権を与えられ、契約等の法律行為を代行したり、本人がすでに結んだ不利益な契約を取り消したりすることができる。
- **保佐（保佐人）**
  判断能力が著しく不十分な場合。借金や不動産の売買など、法律で定められた一定の行為を、保佐人の同意を得ることが必要となる。
- **補助（補助人）**
  判断能力が不十分な場合。特定の法律行為について、補助人に同意権や取消権、代理権が与えられる。

遺産分割協議書を作成する

◆遺産分割協議書は協議の証明書

遺産分割協議がまとまったら、後日のトラブルを避けるためにも遺産分割協議書を作成しましょう。協議が円満にまとまれば問題はありませんが、難航した場合はささいなことがきっかけで争いが再燃することもあるからです。

また、不動産の名義変更の登記や、被相続人の預貯金を引き出す場合にも遺産分割協議書が必要となります。

遺産分割協議書を作成するときは、相続人は協議の対象となった財産を明確にして、正確な財産目録を作ります（⇩Ｐ１６０）。そして、それぞれをだれが相続するか、もしくはどのような割合で分割するかを記し、相続人全員が署名をして実印を押し、印鑑証明をつければ作成は完了です。

遺産分割協議書の作成時の注意点と一例

遺産分割協議書を作成する際は、法定相続人全員参加、または法定相続人全員の承諾を得て、全員が自筆で署名、捺印（実印、印鑑証明を添付）します。全員が集まらない場合は、遺産分割協議書案を代表者が作成し、持ち回りで同意を求めて、実印を押してもらう方法でもかまいません。住所は住民票や印鑑証明に記載されているとおり、財産は、不動産の場合は登記簿どおりの表記、銀行などは支店名、口座番号まで書きます。作成日付をかならず入れ、分割協議の参加人数分作成し、各自が所持、保管します。

遺産分割協議書の一例

遺産分割協議書

被相続人橋谷太郎（令和□□年□月□日死亡）の遺産について、相続人全員で分割協議を行い、各相続人は以下の通りに遺産分割することに決定した。

1. 相続人橋谷博子は次の遺産を取得する。
 (1) 東京都○○市○○町×丁目×番　宅地　○○○平方メートル
 (2) 同所　家屋番号　×番
 居宅　木造瓦葺2階建　床面積　1階○○平方メートル
 2階○○平方メートル

2. 相続人橋谷義男は次の遺産を取得する。
 (1) 株式会社○○○　株式○万株
 (2) ○○銀行○○支店　普通預金　口座番号○○○○残高すべて

3. 相続人橋谷勝子は次の遺産を取得する。
 (1) ○○株式会社　株式○万株
 (2) ○○○信託銀行の貸付信託　額面○○○万円

4. 橋谷博子は祭祀供養物一切を承継する。

5. 上記の遺産以外に被相続人の遺産が新たに発見された場合は、その遺産について再度分割協議を行う。

以上の通り、相続人全員による遺産分割協議が成立したので、これを証明するために本書を3通作成し、各自署名、押印の上、1通ずつを所持する。

令和○○年○月○日

東京都○○市○○町○○番地
橋谷博子　㊞
東京都○○市○○町○○番地
橋谷義男　㊞
千葉県○○市○○町○番地
橋谷勝子　㊞

注意
相続人全員の同意があれば、相続人のうち1人が取得することも可能。

重要
作成の日付をかならず入れ、分割協議の参加人数分作成し、各自が所持、保管する。

注意
財産の表示方法は、不動産の場合は登記簿どおりの表記、銀行などは支店名、口座番号まで書く。

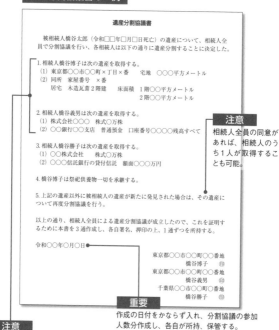

ちらばっている相続人に便利な遺産分割証明書

相続人がお互いに遠方に住んでいて、一同に会して遺産分割協議書に署名・押印が難しい場合、持ち回りで署名・押印する時間的な余裕がない場合は、遺産分割内容をまとめた遺産分割証明書を作成します。

遺産分割協議書は、相続人全員が署名押印しますが、遺産分割証明書は、相続人ごとに署名押印し、相続人全員分が揃ってはじめて遺産分割協議書と同じ効力が生じます。

遺産分割証明書の一例

遺産分割証明書

被相続人　橋谷太郎
相続開始日　令和○年○月○日
本籍
最後の住所

被相続人橋谷太郎の遺産について、共同相続人橋谷博子、橋谷義男、橋谷勝子は、その相続財産について遺産分割協議を行った結果、下記のとおり遺産分割が成立したことを証明します。

～中略～

令和○年○月○日
(橋谷博子)
住所
氏名　㊞

相続分の譲渡

「相続分の譲渡」とは、自身の相続分を他の相続人に有償又は無償で譲渡することをいいます。

(1) 相続分の譲渡の特徴

相続分の譲渡は、「遺産分割協議に参加したくない」ときや、「相続分を有償で譲渡して金銭がほしい」ときなどに選択するときがあります。

ただし、相続分を譲渡しても、相続放棄とは異なり、債権者から請求された場合は、債務の支払義務は残ります。

相続分の譲渡証書

譲渡人○○○○（以下甲という）は、譲受人○○○○（以下乙という）に対し、本日、被相続人○○○○（令和○年○月○日相続開始）の相続について、甲の相続全部を譲渡し、乙はこれを譲り受けた。

令和○年○月○日

譲渡人　甲　住所
　　　　　　氏名　　　　　㊞
譲受人　乙　住所
　　　　　　氏名　　　　　㊞

(2) 相続分を譲渡した場合の課税関係

相続分を譲渡した場合、譲渡人及び譲受人に次の税金が発生します。

譲渡先	条件	譲渡人に発生する税金	譲受人に発生する税金
相続人	無償	なし	相続税
	有償	相続税	相続税※1
第三者	無償	相続税※2	贈与税
	有償	相続税・所得税※3	なし

※1　相続した財産から譲渡人に支払った金銭を控除した残額が課税対象

※2　いったん相続分相当を相続したものとして相続税の課税対象となり、これを譲受人に贈与したものとして考える。

※3　いったん相続分相当を相続したものとして相続税の課税対象となり、これを譲受人に譲渡したものとして考える。
　このため、相続分の中に、不動産や有価証券が含まれるときは対象のときは、含み益は所得税の課税対象となる。

遺産分割協議が調《ととの》わないとき

◆遺産分割を法的に成立させる調停

相続人の間で協議が調わないときは、家庭裁判所に調停を申し立てることができます。調停では相続人が対面して言い争うのではなく、交代で調停室に入り２人の調停委員の仲介で意見を交換します。

合意ができたら、「調停調書」という名前の遺産分割協議書が作成されます。これには裁判所の印があり、確定判決と同じ法的効力があります。調停が成立しない場合は、法律に基づき分割を行う審判に進みます。

◆複雑なトラブルは専門家に相談を

分割協議がこじれてしまったり、相続人に未成年者や行方不明者がいて代理を立てなければならないような場合(⇩Ｐ１８６)などは、協議を進めるのも難しく、手続きも複雑化することがあります。判断に迷ったら、専門家の力を借りてみましょう。

遺言や法律一般は弁護士、税金は税理士、不動産登記には司法書士など、各得意分野があるので、正式に依頼する前に、まずは話を聞いてもらうことをおすすめします。

遺産分割の調停

調停は法的な観点で行われますが、第三者が間に立って話し合いの調整をするもので、内容は遺産分割協議と同レベル。しかし、全員が合意して調停調書が作られれば、大きな法的な効力を持ちます。調停が調わない場合は、自動的に審判に進みます。

① 調停の申し立て

申し立ては相続人の1人または複数から、申立人以外のすべての相続人を相手方として行う。管轄は相手方の住所地などの家庭裁判所。

② 調停

指定された期日に家庭裁判所に出頭し、調停委員による仲介で合意を目指す。申立人と相手方が交代で調停室に入り、調停委員から聴取を受ける。

成立

③ 調停調書の作成

何回か調停が行われた結果、当事者全員の合意ができた場合は調書が作成される。調停調書は確定した審判と同じ効力を発揮。調書に従わない場合は強制執行もある。

不成立

③ 審判手続き

調停不成立の場合は、遺産分割審判の申し立てがあったとみなされ、自動的に審判の手続きに移行する。
家事裁判官によって事実および証拠調べを行い、当事者の希望を考慮して分割の審判を下す。審判に不服がある場合は、即時抗告も可能。抗告審は高等裁判所で行われる。

④ 分割の実行

裁判所の調停、審判によって、遺産分割が決定する。相続登記や預貯金の名義変更を行う場合は、調停調書または審判書の謄本を添付する。

相続の手続きを行う

◆遺産によって必要な書類が異なる

遺言による指定、分割協議、調停、審判のいずれかの方法によって、だれが何を相続するかが決まったら、相続の手続きを行います。必要のあるものについては名義や登記の書き換えを行い、そうでないものはそのまま引き取れば、相続は終了です。

名義や登記を書き換えるために必要な書類は、財産ごとにそれぞれちがいます。不備があると対応してもらえないので、細心の注意を払うようにしましょう。

相続関係説明図

相続人の確定の際に作成した「相続関係説明図」は、おもに相続登記の際に用いられます。

相続関係説明図の例

被相続人　橋谷 太郎　相続関係説明図

最後の住所　東京都○○市○○町○丁目○番
最後の本籍　東京都○○市○○町○丁目○番
登記簿上の住所　東京都○○市○○町○丁目○番

(昭和○○年○月○日生)
(令和○○年○月○日死亡)
被相続人　橋谷 太郎

||

(昭和○○年○月○日生)
(令和○○年○月○日死亡)
妻　橋谷 良子

住所　東京都○○市○○町○○番地
遺産分割
長女　橋谷 博子
(昭和○○年○月○日生)

住所　東京都○○市○○町○○番地
遺産分割
長男　橋谷 義男
(昭和○○年○月○日生)

住所　千葉県○○市○○町○番地
遺産分割
次女　橋谷 勝子
(平成○○年○月○日生)

相続を証する書面は還付した。

不動産の相続登記

　土地、家屋などの不動産を相続する場合は、登記所（地方法務局）で「相続による所有権移転登記」を行います。通常の不動産登記は登記権利者（買主）と登記義務者（売主）が共同で申請しなければなりませんが、相続による手続きは、登記義務者である被相続人が死亡しているため、登記権利者である相続人が単独で行うことができます。

相続人が１人の場合

　遺言書がない場合は、相続人本人が手続きできます。すぐに名義変更を行わなくても問題にはなりませんが、その間に次の相続があった場合は手続きが複雑になります。また、故人の名義だと売却することもできません。

相続人が複数の場合

　相続人が複数で遺言書がない場合は、遺産分割協議書や調停調書、審判書など、分割の結果を示す書類が必要となります。

　遺言書、遺産分割協議書などによらず、未分割の状態で法定相続分による相続登記も可能です。この場合は、遺産分割が成立した後で「遺産分割による登記」に変更します。

相続人以外が遺贈を受けた場合

遺贈を受ける人が登記権利者となり、遺言執行者が登記義務者となって、共同で登記を行います。遺言執行者がいない場合は、法定相続人全員が義務者になるか、家庭裁判所に執行者を選任してもらいます。相続人全員の戸籍謄本を集めるなど、手続きに手間がかかるので、遺言執行者を選任してもらうほうがよいでしょう。

相続登記申請の義務化

不動産を取得した相続人は、その取得を知った日（通常は、相続開始の日）から３年以内に、相続登記の申請をする必要があります。

また、相続登記に必要な資料収集等の負担を軽減するために、簡易な書類で手続き可能な「相続人申告登記」という制度があります。

遺産分割協議が成立する前は、法定相続分による相続登記又は相続人申告登記を行い、遺産分割協議が成立した後は、その内容に応じて登記申請をしなければなりません。

なお、正当な理由なく相続登記の申請をしないときは、10万円以下の過料が発生します。この相続登記申請の義務化は、2024年４月１日に以降に適用され、過去の相続も対象になります。

３年以内に分割協議が成立した場合

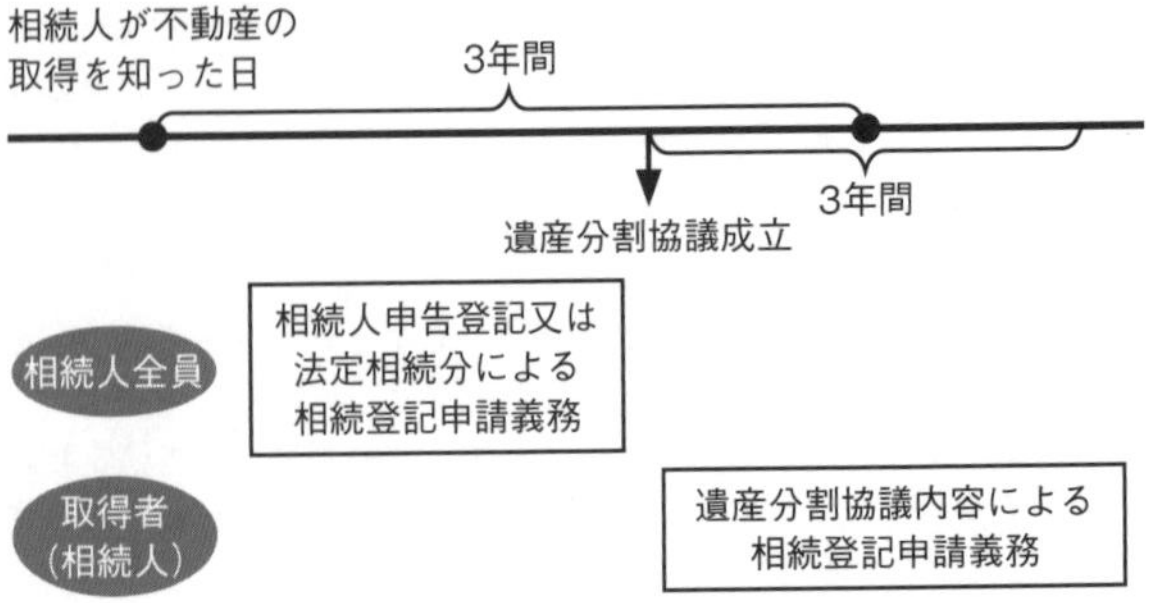

3年以内に分割協議が成立しなかった場合

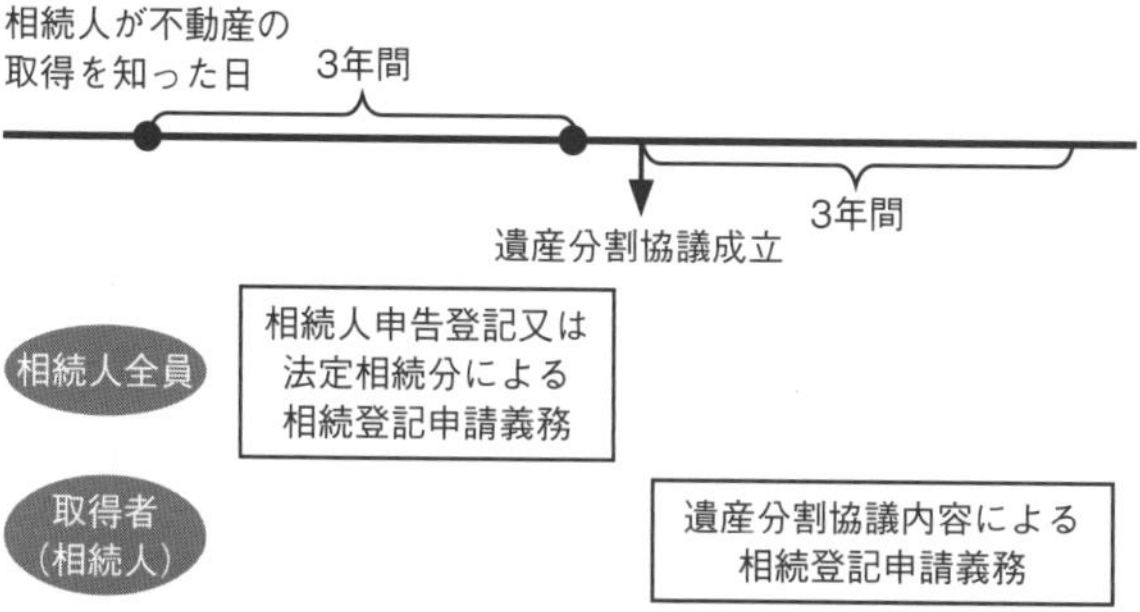

株式・有価証券の名義変更

株式を相続した人は、被相続人に代わって株主になります。配当の支払いや株主優待を受けたり、株主総会に参加したりするためには名義の書き換えをする必要があります。

証券会社を通して取引をしている場合は、被相続人の取引口座から相続人の口座に株式などの有価証券を移管する手続きをします。証券会社に被相続人が死亡したことを伝えると、必要な用紙などが送られてきます。

必要書類は証券会社によって異なるので、事前にかならず問い合わせましょう。また、書き換えの手数料がかかります。

● **証券会社**

証券会社を通じて取引されている株式は、被相続人の取引口座から相続人の口座に株式などの有価証券を移管する手続を行ないます。名義書換手数料がかかります。

※各種手続きを進める際に、法定相続情報証明制度（P201参照）を利用すれば、戸籍謄本などの再添付が不要になる。

● **株式名簿管理人（信託銀行など）**

株式発行元の会社が指定している株主名簿管理人（信託銀行など）で行ないます。所定の株式名義書換申請書に、株券、被相続人の戸籍謄本などを添えて提出します。名義書換手数料は不要です。

預貯金の名義変更・解約・払い戻し

被相続人が死亡すると、一部の相続人が勝手に預金を引き出したりすることを防止するために金融機関は預貯金の口座を凍結します。分割協議が済み、必要書類が揃うと各種手続きが可能になります。必要な書類はほぼ同じですが、書式は金融機関ごとにちがいがあるので、注意が必要です。また、分割協議による分割の場合と、遺言や調停・審判に基づく分割の場合とでも書類が異なります。手続き前に必要書類の一覧とその金融機関の書き込み用紙をもらってから準備を進めるようにしましょう。

相続預金の払戻し制度

上記のように預金の名義人に相続が発生した場合、相続人全員の同意がない限り、亡くなった人の預金をおろすことはできません。

しかし 2019 年 7 月 1 日以降の相続では、「預金の払戻し制度」を利用すれば、遺産分割協議の成立前であっても、相続開始時点の預金残高の 3 分の 1 に、相続人の方の法定相続分を乗じた金額を、その相続人が単独でおろすことができるようになりました。

【相続人単独で払戻できる金額】
相続開始時点の預金残高× 1 ／ 3 ×法定相続分

ただし、ある金融機関の複数の支店に口座があったとしても、同一金融機関からの払出は、150万円が限度です。

その他の名義変更の例

- **自動車**
陸運局・運輸支局事務所で所定の用紙に記入して手続きを行います。被相続人の除籍謄本、相続人の実印と印鑑証明のほか、自動車検査証が必要になります。
- **会員権など**
ゴルフ会員権の場合は、ゴルフ場に名義変更を申請して行います。名義書換料がかかります。

Tips 「法定相続情報証明制度」とは

相続の手続きでは、亡くなった人の戸除籍謄本などの束を、相続手続きを取り扱う各種窓口に何度も出し直す必要があります。

2017年5月末よりスタートした「法定相続情報証明制度」は、登記所（法務局）に戸除籍謄本などの束とともに、「法定相続情報一覧図」（相続関係を一覧に表した図）を提出すれば、登記官がその一覧図に認証文を付した写しを無料で交付してくれます。これにより、その後の相続手続は、「法定相続情報一覧図」の写しの提出で済みます。

法定相続情報一覧図の作り方

法定相続情報一覧図は、下記の手順で作成します。

(1) 必要書類の収集

まず、法定相続情報一覧図の作成に必要な書類を収集します。

・被相続人（亡くなった人）が生まれてから亡くなるまでの戸籍謄本
・被相続人の住民票の除票
・相続人の戸籍の謄抄本
・相続人の住民票
・申請者の運転免許証などの本人確認書類

(2) 法定相続情報一覧図の作成

被相続人及び相続人の戸籍、被相続人の住民票の除票、相続人の住民票の記載内容を、法務局のホームページに掲載されている様式に入力します。

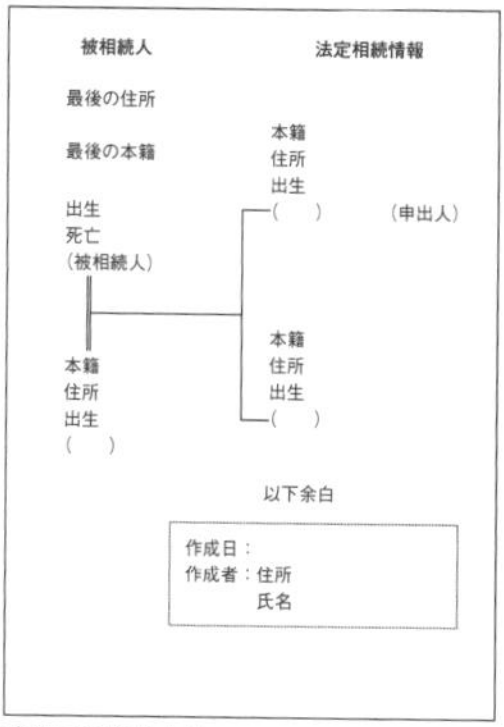

法務局の様式より

(3) 申出書の記入と登記所への提出

法定相続情報一覧図の申出をする登記所は、下記のいずれかを選択できます。

・被相続人の死亡時の本籍地
・被相続人の最後の住所地
・申出人の住所地
・被相続人名義の不動産の所在地

Column
5

終活を考える

「終活」をする上では、ご自身の意思や希望の実現を支援する相手を探すことが大切で、その方にご自身の「尊厳」を託すことを、「尊厳信託」といいます。

「尊厳信託」の相手になりうる候補者は、ご自身のご家族や親族、知人や友人、弁護士などの専門家、自治体や社会福祉協議会、「身元保証等高齢者サポートサービスの事業者」などがあります。

「尊厳信託」の相手への依頼業務と契約内容は、ご自身の状態によって変わってきますが、いずれもご自身が自立している時期に契約を締結することが必要です。

【契約の種類と契約内容】

契約の種類	契約内容
事務委任契約	老人ホームの身元保証、金融機関の手続き支援、医療従事者への意思の伝達など
任意後見契約	財産の管理・処分、生活、治療、介護などの手配
死後事務委任契約	葬儀、火葬、納骨などの手続き（遺産配分を除く事務）
遺言	財産の処分（帰属者の指定）、寄付、相続分の指定、遺言執行者の指定、認知など
家族信託契約	本人の代わりに財産の管理・処分・運用を任せること、遺言機能をもたせることもできる。

（参考文献）家族に頼らないおひとりさまの終活（ビジネス教育出版社）

【時期別の活用する契約】

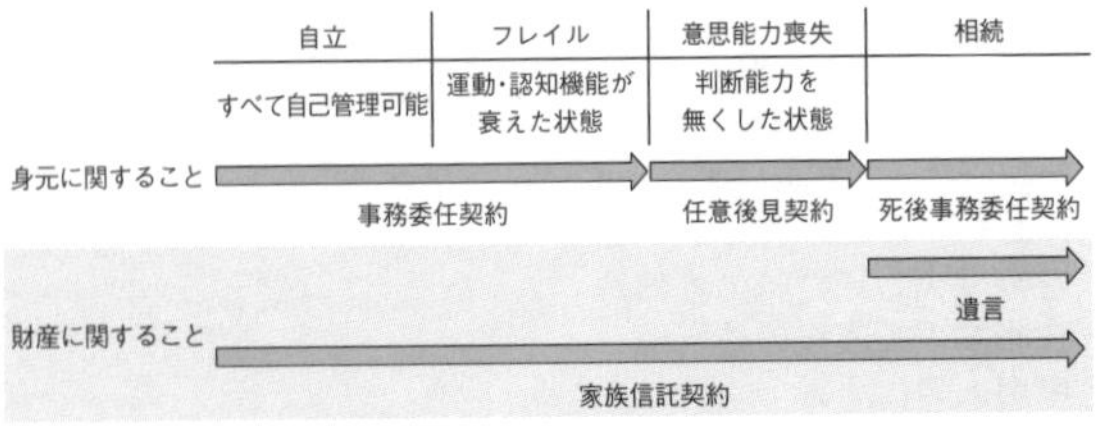

第6章

相続税の申告と納付

申告と納付までのスケジュール

スムーズな申告と納税には、税金の計算のもととなる財産の価値を調べて、正確に評価する必要があります。

① 故人の財産や債務を調べる

② 故人の財産を評価する

- 宅地 ⇨P234
- 借地権 ⇨P235
- 貸宅地・貸家建付地 ⇨P235
- 小規模宅地等の減額特例⇨P236
- 建物 ⇨P241
- 株式・公社債 ⇨P240
- 預貯金 ⇨P240
- 生命保険金 ⇨P240
- ゴルフ会員権⇨P241
- 美術品 ⇨P241
- 車 ⇨P241

③ 相続税を計算する ⇨ P218

1. 各人の課税価格を計算する
2. 課税遺産総額を計算する
3. 相続税の総額を計算する
4. 各人が納めるべき税額を計算する

④ 申告書を作成する

- 申告書を作成する

⑤ 申告・納付する

- 延納の手続きをする ⇨P242
- 物納の手続きをする ⇨P244
- 修正申告と更正の請求⇨P246

申告と納税をチャートで判定

相続税の申告の必要があるのかどうか、さらに納税の必要があるのかどうか、チャートでチェックしましょう。その際、おおよその遺産の総額を計算しておきましょう。

● 申告する必要があるかないか

故人の遺産
土地・家屋
預金・株式など
＋
生前の贈与財産
(⇨ P210)
(　　　　万円)

－

故人の債務
アパートローンなどの借入金 (⇨ P161)
(　　　　万円)

≦

基礎控除額
3000 万円＋600 万円×法定相続人の数 (⇨ P219)
(　　　　万円)

★故人の遺産（債務を差し引いたもの）が基礎控除額以下なら申告の必要はなし！

● 納税する必要があるかどうか

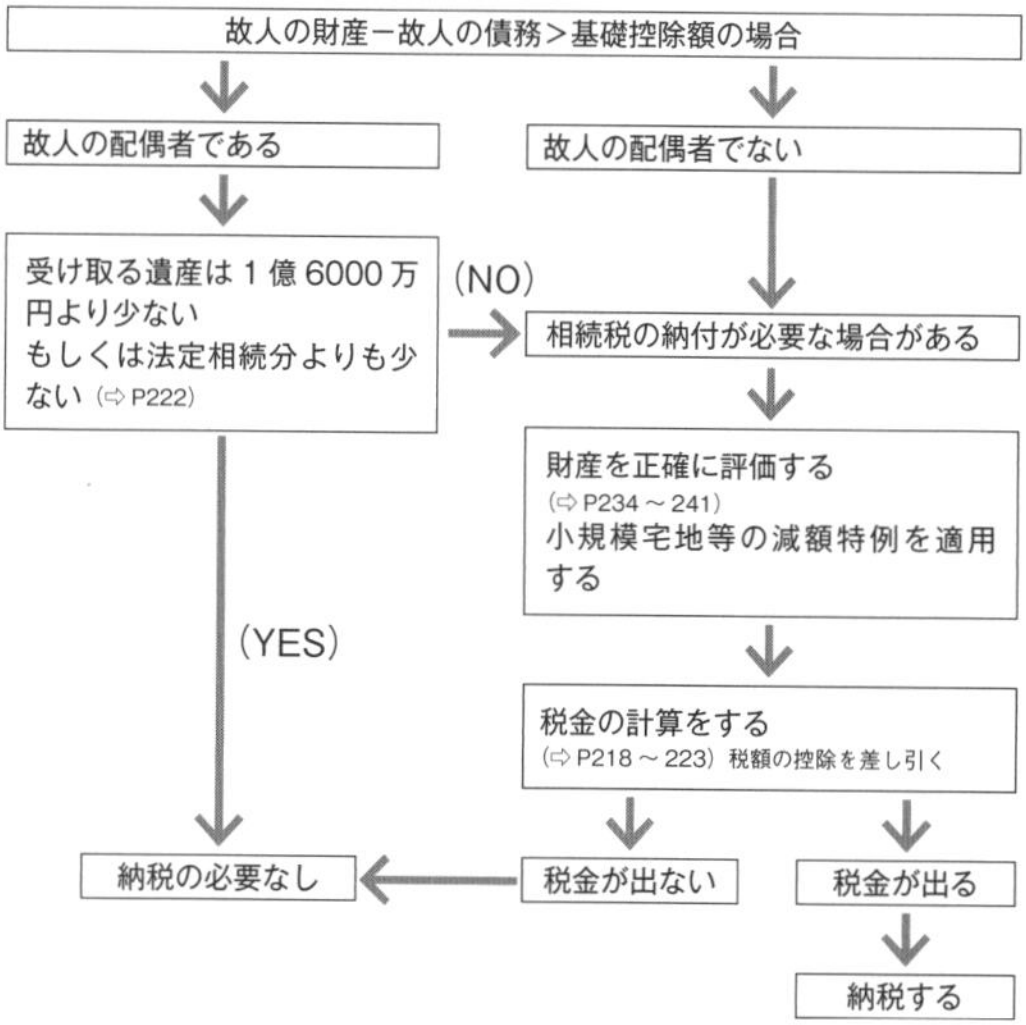

★特例を利用すると納税しなくてもよい場合がある！
ただし、申告はしなくてはならない。

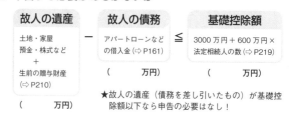

相続税の基礎知識

◆遺産相続にかかる相続税

相続税は、死亡した人の財産を相続や遺贈によって受け継いだ人にかかる国税です。相続や遺贈によって財産をもらった場合のほか、死因贈与などを受けた場合、相続時精算課税制度による贈与を受けた場合です。死亡保険金を受け取った場合も相続税のかかる可能性があります。被相続人または相続人のいずれかが日本に住所のある場合は、国内財産と国外財産のすべてが相続税の課税対象となります。

相続税のかかる原因

相続税はおもに次のような場合にかかります。

相　続

被相続人の死亡によって相続人が財産を受け取った

遺　贈

遺言によって遺言者から財産を受け取った

死因贈与

死んだらあげるという契約に基づき、贈与者の死亡によって財産を受け取った

その他

相続時精算課税を利用して生前贈与が行われた
死亡保険金を受け取った
家族信託などの信託受益権を受け取った

相続税の申告が必要ない場合

3000万円＋600万円×法定相続人の数＝基礎控除額

遺産の額≦基礎控除額⇨相続税の申告は不要

◆相続税の申告が必要ない場合

遺産をもらったすべての人が相続税をかならず納めなければならないわけではありません。申告が必要なのは、遺産の総額が一定の額（基礎控除額）を超えた場合です。基礎控除額は3000万円＋600万円×法定相続人の数によって求められます。たとえば、法定相続人が3人の場合、基礎控除額は3000万円＋600万円×3人で、4800万円になります。遺産の総額が4800万円以下ならば、相続税の申告は不要です。

また、被相続人に債務があった場合は、遺産総額から債務を差し引いた額が基礎控除額以下であれば、相続税の申告は不要です。

家族信託にも相続税がかかる？

家族信託とは、ご自身の財産を信頼できる方に預けて、管理・運用・処分を依頼（信託）するとともに、ご本人からご家族などにご自身の財産を渡す仕組みです。
ご本人からご家族などに、ご本人の相続を理由に財産が移転するときは、たとえ財産の名義の受託者であっても相続税の対象となります。

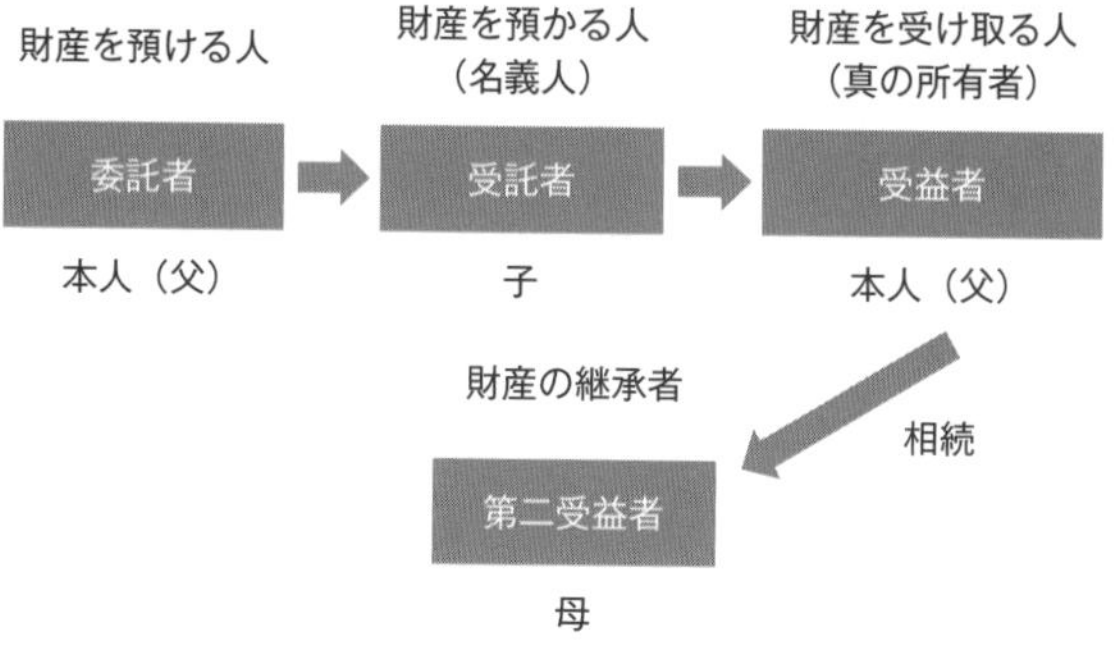

◆相続税の計算方法

相続税の計算は、まず被相続人の財産を評価し、そこから債務などを差し引いて課税される財産総額を求めます。そして、各相続人の相続税額を割り出し、税額控除を算出して納税額を求めます。

◆課税対象になる財産を調べて分類

相続財産には、課税対象になる課税財産と、相続税のかからない非課税財産（⇩P211）があります。相続税のかかる財産の第一は、相続や遺贈で受け取った財産です。これを本来の相続財産といい、金銭に見積もれるすべての財産が対象になります。

被相続人から暦年課税制度の適用を受けた贈与財産も「生前贈与加算」として相続税の対象となる場合があります（⇩P212）。

また直接受け取ったものではなくても、被相続人の死亡がきっかけで、もらったとみなされて課税対象になる「みなし相続財産」があります。生命保険金と死亡退職金、功労金などがこれにあたります。

◆お墓や仏壇は非課税財産

お墓や仏壇、位牌、仏像、神棚など、日常的に礼拝に使用されているものは、祖先をまつる習慣を尊重するという意味から、課税の対象となっていません。ただし、金の仏像や骨董として価値のあるものは課税の対象となります。

課税財産の種類

本来の相続財産

被相続人の死亡によって、相続あるいは贈与された財産で、お金に換算される経済的価値のあるものはすべて含まれます。相続財産は有形なものだけではなく、借地権や著作権、特許権のような無形なものも含まれます。

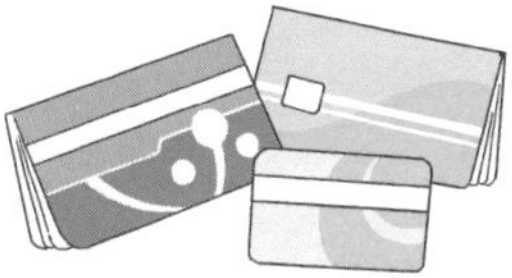

- 宅地、田畑、家屋などの不動産
- 機械、器具、商品、売掛金などの事業用財産
- 株式、出資金、国債、社債などの金融資産
- 現金、預貯金、小切手
- 車、ゴルフ会員権、骨董品、家財道具
- 暗号資産、ネット銀行、ネット証券などのデジタル資産

など

みなし相続財産

被相続人が死亡したことで、契約上指定された人が受け取る財産です。死亡保険金や共済金、死亡退職金や功労金を**相続人**が受け取った場合は、法定相続人1人につき500万円までは非課税となります。

なお、香典は課税対象ではありませんが、職場からの退職金の意味を持つような多額な香典は、退職金として課税される場合もあります。

- 死亡保険金
- 死亡退職金・功労金
- 生命保険契約と定期金を受取る権利
- 家族信託などの信託受益権

贈与財産

相続（遺贈）で財産を取得した人が、相続開始前一定期間に被相続人から贈与されている財産（生前贈与加算といいます）。相続開始時点では被相続人の財産ではありませんが、相続税の計算のときに相続財産とみなしてプラスされます。

また、「相続時精算課税制度」を利用して贈与を受けた財産も相続財産に加えられ、相続税が課税されます。

なお、相続財産に加算する贈与財産は、贈与の時期により異なります。

贈与の時期	相続財産に加算する相続時精算課税制度適用財産
2023年までの贈与	贈与財産の全額
2024年以降の贈与	贈与財産の全額（毎年110万円の基礎控除額を除く）

Tips 死亡保険金は受取人によって税金が変わる

親が子どもを受取人にして生命保険を契約したときのように、契約者と被保険者が同一人物で受取人がちがう場合は、死亡保険金には相続税がかかります。契約者と受取人が子で、被保険者が親の場合は所得税、3者がそれぞれちがう場合は贈与税が受取人に課せられます。

契約者 保険料負担者	被保険者	受取人	税金
父	父	子	相続税
子	父	子	所得税
母	父	子	贈与税

非課税財産の種類

祭祀財産

墓地や墓石、仏壇、仏具、位牌、祭具など日常の拝礼に用いられるものは祭祀財産として、非課税になります。ただし骨董的な価値のあるものや純金製品など投資の対象、商品として所有しているものには相続税がかかります。

公益目的の事業用財産

宗教、慈善、学術、そのほか公益を目的とする事業を行う人が、事業用として取得した財産も非課税です。公益を目的であることが確実な場合は非課税です。

特定寄付

相続税の申告期限までに国や地方公共団体、公益を目的とする事業を行う特定の法人に寄付した場合、特定の公益法人の信託財産に支出した場合は、その寄付した財産は相続税が非課税です。所得税の寄付金控除を受けられることもあります。

受取人が相続放棄をした場合

被相続人の相続人は、子A、子B、子Cの3人が、死亡保険金を500万円ずつ受け取る。この場合、生命保険金の非課税限度額は1500万円（500万円×法定相続人の数）となり、通常は相続税の課税対象は発生しない。

ただし、相続人のうちの一人が相続放棄をした場合、その放棄した相続人に生命保険金等の非課税の適用はないため、500万円は課税対象となる。

なお、この生命保険金等の非課税限度額の計算は、放棄がなかったものとした場合の相続人の数で計算するため、相続人の1人が放棄した場合であっても、1500万円の非課税限度額に変更はない。

生前贈与加算

生前贈与加算とは、被相続人から相続など（P 206 参照）で財産を取得した者が、死亡の日から遡って一定の期間内に暦年贈与課税制度（P 216 参照）による贈与があったときに、その贈与財産を、相続財産に加算する制度をいいます。

生前贈与加算により、贈与財産を相続財産に加算した場合、その贈与財産について課税された贈与税は、「贈与税額控除」として相続税から差し引きます。

生前贈与加算の対象となる期間は、いつ贈与したのかによって異なり、2023 年中の贈与については 3 年間、2027 年以降は加算期間が順次延長され、2031 年以降の贈与は 7 年間になります。

贈与年	2023年	2024年	2025年	2026年	2027年
加算期間	3年	3年	3年	3年	最長4年
贈与年	2028年	2029年	2030年	2031年	
加算期間	最長5年	最長6年	最長7年	7年	

なお、延長した 4 年間に贈与を受けた財産は、その期間の贈与財産の総額から 100 万円を控除して相続財産に加算します。

<table>
<tr><th>相続開始日</th><th>2024年</th><th>2025年</th><th>2026年</th><th>2027年</th><th>2028年</th><th>2029年</th><th>2030年</th><th>2031年</th><th>2032年</th></tr>
<tr><td>2028年1月1日</td><td>100万円を控除</td><td colspan="3">4年分を加算</td><td></td><td></td><td></td><td></td><td></td></tr>
<tr><td>2029年1月1日</td><td colspan="2">100万円を控除</td><td colspan="3">5年分を加算</td><td></td><td></td><td></td><td></td></tr>
<tr><td>2030年1月1日</td><td colspan="3">100万円を控除</td><td colspan="3">6年分を加算</td><td></td><td></td><td></td></tr>
<tr><td>2031年1月1日</td><td colspan="4">100万円を控除</td><td colspan="3">7年分を加算</td><td></td><td></td></tr>
</table>

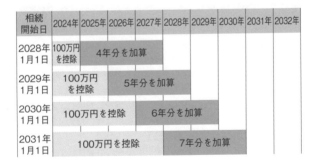

教育資金贈与信託の残高に相続税がかかる場合

教育資金贈与信託とは、お子様やお孫様の教育資金として使用する目的で、1500万円を限度として一括贈与をしても贈与税が非課税となる信託をいいます。

なお、信託契約期間中に贈与者が死亡したときは、信託の設定時期によって、贈与者の死亡時の未利用残高が相続税の課税対象になるケースがあります。

また、贈与を受けた者が、この未利用残高以外に相続又は遺贈で財産を取得しなかった場合は、生前贈与加算の適用はありません。

<table>
<tr><th>信託設定時期</th><th colspan="2">相続財産への加算の有無</th><th>相続税の2割加算の有無（P219参照）</th></tr>
<tr><td>H31.3.31以前</td><td colspan="2">相続財産への加算なし</td><td>適用なし</td></tr>
<tr><td>H31.4.1～R3.3.31</td><td colspan="2">贈与者死亡前3年以内の未利用残高は相続税の対象</td><td>適用なし</td></tr>
<tr><td>R3.4.1～R5.3.31</td><td colspan="2">未利用残高は相続税の対象※</td><td>適用あり</td></tr>
<tr><td rowspan="2">R5.4.1～R8.3.31</td><td>贈与者の遺産額5億円超</td><td>未利用残高は相続税の対象</td><td>適用あり</td></tr>
<tr><td>贈与者の遺産額5億円以下</td><td>未利用残高は相続税の対象※</td><td>適用あり</td></tr>
</table>

結婚・子育て支援信託の残高に相続税がかかる場合

結婚・子育て支援信託とは、お子様やお孫様の結婚や子育ての資金として使用する目的で、1000万円を限度として一括贈与をしても贈与税が非課税となる信託をいいます。
なお、信託契約期間中に贈与者が死亡したときは、信託の設定時期によって、贈与者の死亡時の未利用残高が相続税の課税対象になるケースがあります。

また、贈与を受けた者が、この未利用残高以外に相続又は遺贈で財産を取得しなかった場合は、生前贈与加算の適用はありません。

信託設定時期	相続財産への加算の有無	相続税の2割加算の有無（P219参照）
R.3.3.31以前	未利用残高は相続税の対象	適用なし
R.3.4.1～R.7.3.31	未利用残高は相続税の対象	適用あり

※贈与を受けた者が下記のいずれかに該当する場合は、加算の対象外です。
23歳未満の場合／学校等に在学している場合／教育訓練給付金の支給対象となる教育訓練を受講している場合

贈与税の基礎知識

◆財産を受けた人にかかる贈与税

贈与とは個人から個人に無償で財産を贈ることで、贈与税はもらった人にかかる税金です。贈与は贈る人が時期を選んで行うことができます。贈与には、「生前贈与」と「死因贈与」があり、生前贈与には贈与税、死因贈与には相続税がかかります。

贈与税の課税方法には、「暦年課税制度」と「相続時精算課税制度」があり（⇩P216参照）この上記2つの課税方法は、贈与者ごとに選択します。

申告書の提出により非課税となる特例

(1) 居住用不動産の配偶者控除の特例

居住用不動産の配偶者控除の特例とは、婚姻期間が20年以上の夫婦間で、居住用不動産又は居住用不動産を購入するための金銭の贈与が行われた場合、基礎控除を含め2110万円まで贈与税はかからない制度です。

(2) 住宅取得資金の贈与の非課税

「住宅取得等資金の贈与の非課税」は、18歳以上の者が、父母又は祖父母から自宅の取得のために住宅取得資金の贈与を受けたときは、「省エネ等住宅」の場合は1000万円まで、それ以外の住宅の場合は500万円まで、贈与税が非課税となる制度です。

贈与税がかからない財産

贈与税がかからない財産は、次のようなものが該当します。

①配偶者、親などの扶養義務者からの生活費や教育費を必要な都度もらうもの。数年分の生活費をまとめてもらう場合や生活費の名目でも預金などで運用している場合は、非課税に該当しません。

②個人から受けとる香典、花輪代、祝物や見舞金

③相続開始年に被相続人から贈与された財産

金融機関の利用により非課税となる特例

(1) 教育資金の一括贈与の非課税

「教育資金の一括贈与の非課税」とは、30歳未満の者が、父母や祖父母から教育資金に充てるため教育資金贈与信託の受益権を取得したときは、1500万円まで贈与税が非課税となる制度です。

また、贈与を受けた者が30歳になり契約が終了した場合などのときは、未利用残高に対して贈与税が発生します。

信託設定時期	贈与税の税率
R5.3.31以前	特例税率(P216参照)
R5.4.1～R8.3.31	一般税率

(2) 結婚子育て資金の一括贈与の非課税

「結婚子育て資金の一括贈与の非課税」とは、18歳以上50歳未満の者が、父母や祖父母から結婚・子育て資金に充てるため結婚・子育て資金贈与信託の受益権を取得したときは、1000万円まで贈与税が非課税となる制度です。

また、贈与を受けた者が50歳になり契約が終了した場合などのときは、未利用残高に対して贈与税が発生します。

信託設定時期	贈与税の税率
R5.3.31以前	特例税率(P216参照)
R5.4.1～R7.3.31	一般税率

暦年贈与課税制度

暦年贈与課税制度とは、1月1日から12月31日までの期間内に、贈与により取得した財産の合計が110万円を超える場合に、贈与税の申告義務と納税義務が発生する制度です。

この110万円を基礎控除額といい、暦年贈与課税制度の課税最低限を意味します。

【算式】

（年間の贈与により取得した財産の合計額－110万円）×税率－控除額

税率には、親や祖父母など直系の上の世代の贈与者から18歳以上の者への贈与に使用する特例税率と、兄弟間の贈与、配偶者間の贈与、親から未成年の子への贈与など特例税率を適用できないときに使用する一般税率とがあります。

<計算例>

（1）親から子の配偶者へ1000万円を贈与した場合
　一般税率を適用して贈与税を計算します。
　（1000万円－110万円）×40％－125万円＝231万円

（2）親から18歳の孫に1000万円を贈与した場合
　特例税率を適用して贈与税を計算します。
　（1000万円－110万円）×30％－90万円＝177万円

【贈与税の税率表】

<table>
<tr><th rowspan="2">基礎控除後の課税価格</th><th colspan="2">一般税率</th><th colspan="2">特例税率</th></tr>
<tr><th>税率</th><th>控除額</th><th>税率</th><th>控除額</th></tr>
<tr><td>200万円以下</td><td>10%</td><td>－</td><td>10%</td><td>－</td></tr>
<tr><td>200万円超　300万円以下</td><td>15%</td><td>10万円</td><td rowspan="2">15%</td><td rowspan="2">10万円</td></tr>
<tr><td>300万円超　400万円以下</td><td>20%</td><td>25万円</td></tr>
<tr><td>400万円超　600万円以下</td><td>30%</td><td>65万円</td><td>20%</td><td>30万円</td></tr>
<tr><td>600万円超　1,000万円以下</td><td>40%</td><td>125万円</td><td>30%</td><td>90万円</td></tr>
<tr><td>1,000万円超　1,500万円以下</td><td>45%</td><td>175万円</td><td>40%</td><td>190万円</td></tr>
<tr><td>1,500万円超　3,000万円以下</td><td>50%</td><td>250万円</td><td>45%</td><td>265万円</td></tr>
<tr><td>3,000万円超　4,500万円以下</td><td rowspan="2">55%</td><td rowspan="2">400万円</td><td>50%</td><td>415万円</td></tr>
<tr><td>4,500万円超</td><td>55%</td><td>640万円</td></tr>
</table>

相続時精算課税制度

相続時精算課税制度とは、原則として60歳以上の父母又は祖父母など直系の上の世代から18歳以上の者へ贈与した財産について、税務署へ贈与税の申告書を提出することにより、この制度を選択して適用できる制度です。

この制度は、累計で2500万円までの贈与財産には贈与税が発生しませんが、贈与者に相続が発生したときは、相続財産にこの制度の適用を受けた贈与財産を加算する点に注意が必要です。

【算式】
2023年まで
年間の贈与財産－特別控除額（限度額2500万円）×20％
2024年以降
年間の贈与財産－基礎控除額（110万円）－特別控除額（限度額2500万円）×20％

<計算例>
2023年に2000万円、2024年に3000万円、2025年に200万円を贈与した場合
(1) 2023年
（2000万円－2000万円（特別控除額）※）×20％＝0円
※2000万円（贈与額）<2500万円（限度額）→残額500万円
(2) 2024年
（3000万円－110万円（基礎控除額）－500万円（特別控除残額））×20％＝478万円
(3) 2025年
（200万円－110万円（基礎控除額））×20％＝18万円
(4) 相続財産に加算する贈与財産
2000万円（2023年分）＋2890万円（2024年分）＋90万円（2025年分）＝4980万円

相続財産に加算する相続時精算課税適用財産

相続時精算課税制度を適用した贈与財産は、贈与者の相続財産に加算して相続税を計算します。

ただし、相続時精算課税制度の適用を受けている者が、2024年1月1日以後に贈与により財産を取得したときは、年間の贈与財産から110万円の基礎控除額を控除した残額を加算します。

相続税の計算方法

相続税の計算方法

相続税の計算方法に沿って、各相続人の納付税額を算出します。あくまで概算なので、はっきりしない場合は専門家に相談してみましょう。

① 課税価格の合計額の計算

本来の相続財産にみなし相続財産を加え、債務と葬式費用を差し引く。一定の贈与財産（⇨P210）がある場合はそれを加えて、課税価格の合計額を算出する。

↓

② 課税される遺産総額の計算

①の課税価格の合計額から基礎控除額を差し引く。控除額は3000万円に加え、法定相続人1人あたり600万円。

↓

③ 相続税の総額の計算

②の遺産総額を各相続人が法定相続分で相続したと仮定して、それぞれの仮の相続税額を算出し、それを合計して相続税の総額を計算する。計算が複雑なため、相続税早見表（P220参照）を活用する。

↓

④ 各相続人の税額の按分《あんぶん》計算

実際は、かならずしも法定相続分で遺産を分割するわけではない。③を各相続人が実際に取得した財産の比率で按分計算し、各人の相続税額を計算する。

↓

⑤ 各相続人の控除額を差し引く

④の各相続人の相続税額から配偶者税額軽減、未成年者控除などの税額控除を差し引いて、各人の納める相続税を計算する。

↓

各相続人の納付税額

①課税価格の合計額の計算

本来の相続財産にみなし相続財産を加算し、債務と葬式費用を控除して課税価格を計算します。

②課税される遺産総額の計算

①から基礎控除額を控除した残額が課税される遺産の総額となります。

基礎控除額が課税価格よりも多い場合は、申告の必要はありません。

基礎控除の額

相続税の基礎控除として、無条件で3000万円、法定相続人1人につき600万円が控除されます。算出方法は、「3000万円＋(法定相続人の数×600万円)」。たとえば法定相続人の数が1人では基礎控除額は3600万円、2人なら4200万円、3人4800万円～などとなります。

相続人の数に放棄した人も含まれますが、基礎控除額を計算するうえでは、養子は、実子がある場合は1人、実子がない場合は2人までが相続人の数に含まれます。ただし、特別養子縁組の養子、養子が配偶者の実子（連れ子）の場合は、除外されず相続人の数に含まれます。

③相続税の総額の計算

課税される遺産の総額を各相続人が法定相続分で相続したものとして、各相続人の相続額を算出。その相続額に税率を乗じて相続税を計算します。

Tips 相続税額の2割加算

相続税額の2割加算は、配偶者と一親等の血族以外の者が相続により財産を取得した場合、通常の相続税の1.2倍の相続税を支払わなければならない、という制度です。

一親等の血族以外の者とは、被相続人の兄弟姉妹、孫養子(孫の親が相続人の場合)、遺贈を受けた第三者が該当します。

相続税（概算）早見表

実際の相続税の計算は複雑なため、下記の早見表で概算の相続税を確認します。

なお、下記の相続税は、配偶者が相続人であっても、配偶者の税額軽減の特例を適用していない相続税の総額です。

配偶者がいる場合

相続人／課税財産	1人の場合	2人の場合	3人の場合	4人の場合
	配偶者のみ	配偶者と子1人	配偶者と子2人	配偶者と子3人
5,000万円	160万円	80万円	20万円	0万円
6,000万円	310万円	180万円	120万円	60万円
8000万円	680万円	470万円	350万円	275万円
1億円	1,220万円	770万円	630万円	525万円
1億5000万円	2,860万円	1,840万円	1,495万円	1,330万円
2億円	4,860万円	3,340万円	2,700万円	2,435万円
2億5000万円	6,930万円	4,920万円	3,970万円	3,600万円
3億円	9,180万円	6,920万円	5,720万円	5,080万円

配偶者がいない場合

相続人／課税財産	1人の場合	2人の場合	3人の場合	4人の場合
5,000万円	160万円	80万円	20万円	0万円
6,000万円	310万円	180万円	120万円	60万円
8000万円	680万円	470万円	330万円	260万円
1億円	1,220万円	770万円	630万円	490万円
1億5000万円	2,860万円	1,840万円	1,440万円	1,240万円
2億円	4,860万円	3,340万円	2,460万円	2,120万円
2億5000万円	6,930万円	4,920万円	3,960万円	3,120万円
3億円	9,180万円	6,920万円	5,460万円	4,580万円

相続税（概算）早見表の使い方

相続人が子３人の場合で、右記の相続税（概算）早見表の使用例を見ていきます。

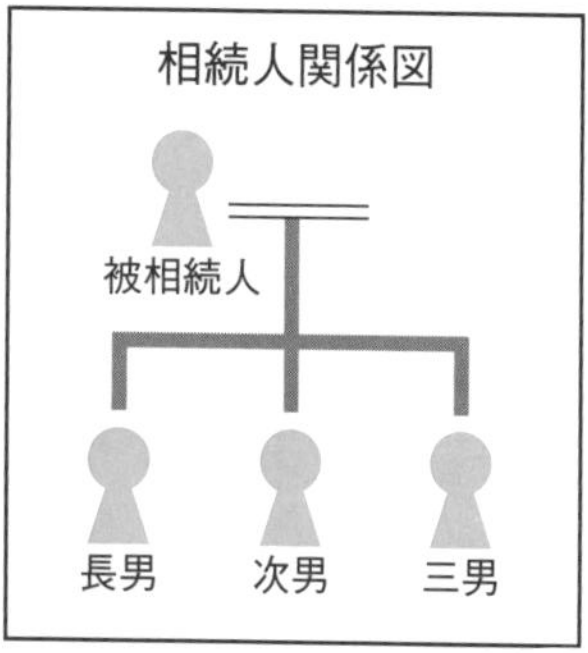

相続財産

土地	5,000 万円
建物	1,000 万円
預金	6,000 万円
株式	3,000 万円
合計	1 億 5,000 万円

		長男	次男	三男
土地	5,000万円	5,000万円		
建物	1,000万円	1,000万円		
預金	6,000万円	1,000万円	2,500万円	2,500万円
株式	3,000万円		1,500万円	1,500万円
合計	1億5,000万円	7,000万円	4,000万円	4,000万円
按分割合	1.00	0.46	0.27	0.27
基礎控除額	4,800万円			
課税遺産総額	1億200万円			
相続税の総額	1,440万円			
納付税額		662.4万円	388.8万円	388.8万円

③早見表で相続税の総額を確認します。

②課税される遺産総額を計算します。

①課税価格の合計額を計算します。

④各相続人の税額を按分します。
長男　7000 万円 /1 億 5000 万円= 0.46
1,440 万円× 0.46 ＝ 662.4 万円

相続税の税額控除

◆基礎控除額以下なら申告は不要

遺産を調べて遺産総額を算出したら、次に基礎控除額を算出します。遺産の総額が基礎控除額以下であれば、相続税の申告の必要はありません。相続税の申告・納付が必要な場合も、各相続人の立場に応じて控除できる制度があります。

控除には、無条件で控除される基礎控除のほか、配偶者の税額軽減、障害者控除、未成年者控除があります。各人の相続税額を算出し、税額控除を行います。

相続人ごとの控除

配偶者の税額軽減

配偶者の税額が軽減されるのは、夫婦の財産の形成は配偶者の協力によるところが大きいこと、配偶者の老後の生活を保障するなどが理由とされています。控除の内容は、配偶者の相続額が1億6000万円以下の場合は全額控除。1億6000万円を超える場合は法定相続分までが控除されます。

配偶者の税額軽減を受けるには、法律上の配偶者であることと、申告期限（相続開始後10ヵ月）までに遺産分割協議が確定していること、申告書を提出することが条件です（未分割の場合は手続きが必要）。

贈与税額控除

贈与税額控除とは、生前贈与加算（P212）により贈与財産を相続財産に加算した場合、相続税と贈与税の二重課税になってしまうこともあるため、支払った贈与税を相続税から控除できる制度です。

障害者控除

85歳に達するまでの年数1年につき10万円で計算した額が控除されます（特別障害者は1年につき20万円）。控除額が本人の相続税額より大きい場合は、引ききれない分の金額が扶養義務者※の相続税額から差し引かれます。

控除額は「10万円（特別障害者の場合は20万円）×（85歳－相続開始時の年齢）」で算出。

未成年者控除

18歳になるまでの年数1年につき10万円で計算した額が控除されます。1年未満の期間がある場合は切り上げて1年とします。控除額が本人の相続税額より大きい場合は、引ききれない分の金額が扶養義務者※の相続税額から差し引かれます。

控除額は「10万円×（18歳－相続開始時の年齢）」で算出。

相次相続控除

親が相次いで亡くなってしまったケースなど、10年以内に相続が続けて発生した場合、前回の相続の際の課税額のうちの一定額を、のちの相続の課税額から控除することができます。これを「相次相続控除」といいます。これは同一財産について何度も課税されて相続人の負担が重くならないようにするための制度です。

この制度の適用は、法定相続人に限られます。また、控除額の計算式は複雑で、前回の相続からの経過年数などによって変動するため、税理士などに相談したほうがよいでしょう。

※扶養義務者とは配偶者、直系血族、兄弟姉妹のほか、一定の３親等内の親族をいいます。

相続税の申告と納付

◆相続税申告の期限

相続税の申告は相続開始を知った日（通常は死亡の日）の翌日から10ヵ月以内に行います。たとえば、1月10日に死亡した場合は、その年の11月10日が申告期限です。この日が土、日、祝日に当たる場合は、翌日が期限になります。申告先は、被相続人の住所地を管轄する税務署に申告します。同じ被相続人から遺産を受けた人が2人以上いる場合は共同で申告書を提出できます。

遺産の総額が基礎控除額を超える場合に、遺産を取得した人は相続税の申告が必要です。たとえ、相続税額がゼロであっても、配偶者の税額軽減（⇩P222）や小規模宅地等の減額例（⇩P236）などを適用した場合は、申告書の提出が必要になります。

なお、相続税の申告の必要がなくても、税務署から「お尋ね」の書類が送られてくることがあります。これは、申告の必要の有無を確認するためで、「財産額が基礎控除額以下であったので、申告は不要」という内容を数字で表現して税務署に送ります。

相続税申告期限の例

相続税の申告は、相続開始を知った日の翌日から10カ月以内に行う必要がある。

相続税申告の簡易判定シート

税務署から届く「相続についてのお尋ね」書類の例。実際には申告が不要な場合も、書類に記入して税務署へ送る。

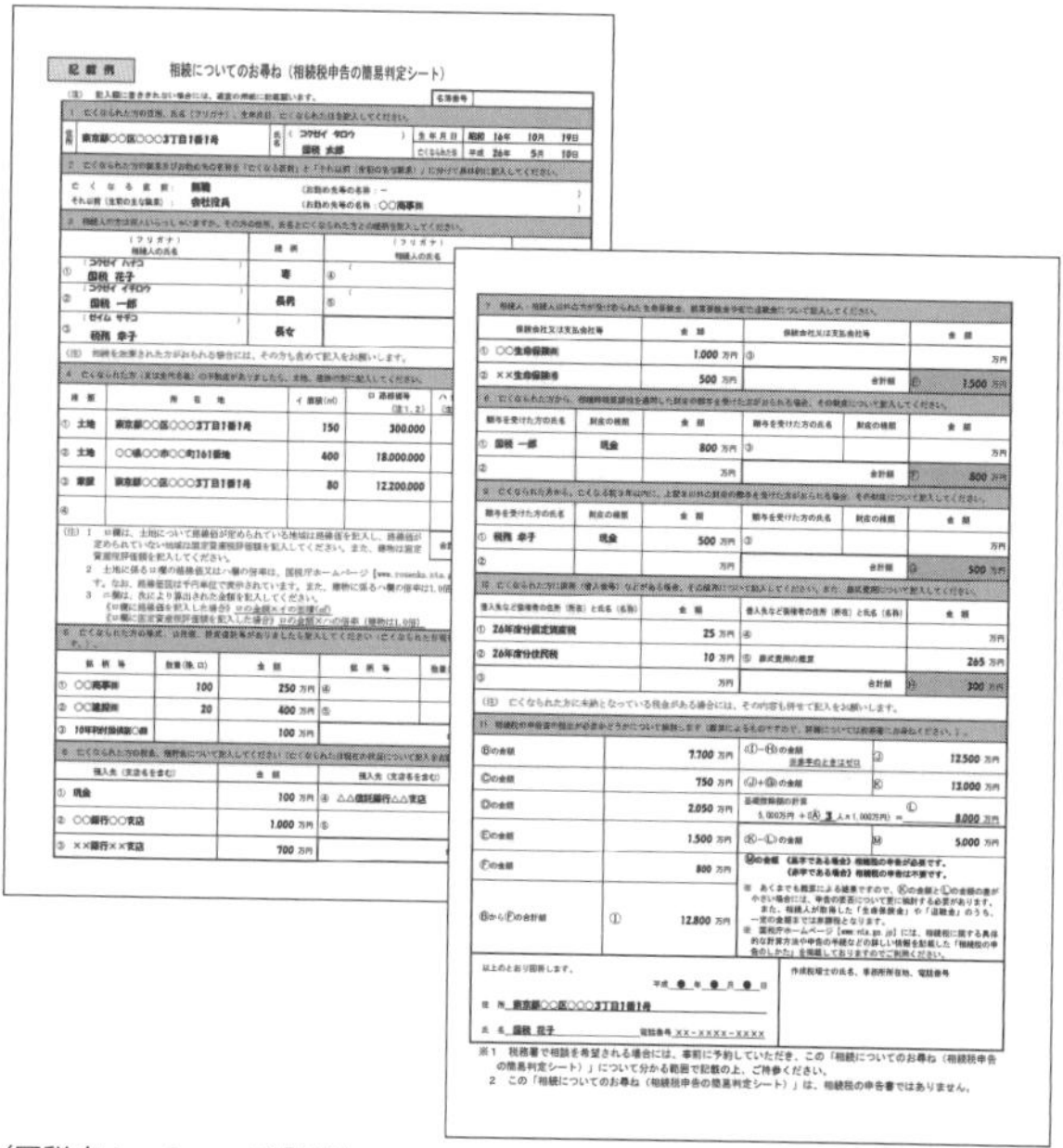

記載例　相続についてのお尋ね（相続税申告の簡易判定シート）

東京都○○区○○○3丁目1番1号　コクゼイ タロウ　国税 太郎　昭和 16年 10月 19日　平成 26年 5月 10日

無職　会社役員　○○商事㈱

コクゼイ ハナコ　国税 花子　妻
コクゼイ イチロウ　国税 一郎　長男
ゼイム サチコ　税務 幸子　長女

		イ 面積(㎡)	ロ 路線価等
① 土地	東京都○○区○○○3丁目1番1号	150	300,000
② 土地	○○県○○市○○町161番地	400	18,000,000
③ 家屋	東京都○○区○○○3丁目1番1号	80	12,200,000

	数量(株、口)	金額
① ○○商事㈱	100	250 万円
② ○○建設㈱	20	400 万円
③ 10年利付国債第○回		100 万円

	金額
① 現金	100 万円
② ○○銀行○○支店	1,000 万円
③ ××銀行××支店	700 万円
④ △△信託銀行△△支店	

	金額
① ○○生命保険㈱	1,000 万円
② ××生命保険㈱	500 万円
合計額	1,500 万円

		金額
① 国税 一郎	現金	800 万円
合計額		800 万円

		金額
① 税務 幸子	現金	500 万円
合計額		500 万円

	金額
① 26年度分固定資産税	25 万円
② 26年度分住民税	10 万円
⑤ 葬式費用の概算	265 万円
合計額	300 万円

Ⓑの金額	7,700 万円	(Ⓘ−Ⓗ)の金額	Ⓙ 12,500 万円
Ⓒの金額	750 万円	(Ⓙ+Ⓖ)の金額	Ⓚ 13,000 万円
Ⓓの金額	2,050 万円	5,000万円＋(Ⓐ 3 人×1,000万円)＝	Ⓛ 8,000 万円
Ⓔの金額	1,500 万円	(Ⓚ−Ⓛ)の金額	Ⓜ 5,000 万円
Ⓕの金額	800 万円		
ⒷからⒻの合計額	Ⓘ 12,800 万円		

住所 東京都○○区○○○3丁目1番1号
氏名 国税 花子　電話番号 XX－XXXX－XXXX

※1　税務署で相談を希望される場合には、事前に予約していただき、この「相続についてのお尋ね（相続税申告の簡易判定シート）」について分かる範囲で記載の上、ご持参ください。
2　この「相続についてのお尋ね（相続税申告の簡易判定シート）」は、相続税の申告書ではありません。

（国税庁ホームページ「相続についてのお尋ね」より引用）

相続税の申告の流れ

申告には多くの書類や添付する参考資料を揃えなければなりません。財産ごとに必要な書類は異なるため、財産が多岐にわたる場合は、専門家に依頼するのも賢い選択といえます。

① 必要書類を揃える

相続人、財産の種類等によって、必要種類は異なる。

② 申告書の作成

税務署で申告書を受け取り、必要事項を記入する。

③ 申告・納付

被相続人の住所地の管轄税務署で申告する。納付できない場合は延納、物納制度の利用を検討する（⇨P242/244）。

相続税申告に必要な書類の例

	必要書類	交付場所	注意点
被相続人関係	戸籍謄本	本籍地の役所	生まれてから亡くなる時まで
	住民票の除票	住所地の役所	
	過去の相続税申告書		10年以内被相続人が相続税を支払っている場合
相続人関係	戸籍謄本	本籍地の役所	
	住民票	住所地の役所	
	マイナンバーカードのコピー		
遺産分割関係	遺言書	公証役場・法務局	
	遺産分割協議書		
	印鑑証明書	住所地の役所	
不動産	名寄帳	所在地の役所	
	固定資産評価証明書		登記で使用するときは、登記年度のものを入手
	公図		
	地積測量図		
	登記事項証明書		
	賃貸借契約書		不動産の貸借がある場合

預貯金	残高証明書	取引金融機関	相続開始日現在のもの
	既経過利息計算書	取引金融機関	
	預貯金通帳		3年から５年程度
有価証券	残高証明書	取引金融機関	相続開始日現在のもの
生命保険	保険金の支払調書	保険会社	死亡保険金、入院給付金等
	保険証券のコピー		
退職金	退職金の支払調書	勤務先	
火災保険	解約返戻金証明書	保険会社	傷害保険も含む
貸付金	金銭消費貸借契約書		
自動車	車検証のコピー		
ゴルフ会員権	会員権のコピー		
未収金	通知書のコピー		高額療養費などの還付金のあるとき
借入金	残高証明書	取引金融機関	未払利息の計算も依頼
葬式費用	領収書		領収書をもらえないときは、相手先、支払日、金額を記載したメモ
生前贈与	贈与税の申告書		

Tips 外国に相続財産がある場合はどうなる？

日本居住者が国外で所有している財産は、日本国内にある財産と同じように課税の対象となります。したがって、国外の財産を相続する場合も日本の相続税が発生します。

しかし、現地の法令に従って外国の相続税に相当する税金を納付している場合は、二重の課税を調整するために、一定額が控除されます。このしくみを「外国税額控除」といいます。

◆相続税の納付も期限までに行う

相続税は納付期限までに納めます。納付期限は申告と同じ相続の開始から10ヵ月以内です。最寄りの税務署や金融機関の窓口で、全額を金銭納付します。税務署等の窓口のほか、コンビニでの支払い（バーコード付納付書が必要）や、クレジットカードでの支払いも可能です。

それができない場合、一定の要件を満たしていれば例外的に延納（Ｐ２４２参照）と物納（Ｐ２４４参照）が認められます。

金銭納付の方法

相続税は現金で一括納付をするのが原則です。しかし、突然起こった相続のため、多額の相続税を払えない場合は延納と物納が認められます。延納や物納をする場合は、相続税の納付期限までに申請書を提出する必要があります。

金融機関の窓口

国庫金の納付書は税務署にあります。納税する相続人の住所、氏名、申告先の税務署名を書いて金融機関で納付します。

延納して長期間にわたって利子税を払うよりも、金融機関から借り入れをして一括で現金納付をしたほうが、利率が低いこともあります。

クレジットカード払い

クレジットカードで相続税を支払う場合、国税庁のホームページから、「国税クレジットカードお支払いサイト」へアクセスします。

なお、納税額が1000万円未満（カードの決済可能額以下)、領収書は発行されない、決済手数料が発生する、という制限や注意点があります。

コンビニでの支払い

納税額が30万円以下の場合、税務署で「バーコード付納付書」を発行してもらうことにより、コンビニエンスストアで相続税を支払ことが可能です。

税務署の窓口での支払い

税務署の窓口に現金と納付書を持参し、相続税を支払うことも可能です。

納付期限が過ぎてしまった場合

納付期限を過ぎてしまった場合、その翌日から納付した日までの期間について、延滞税がかかります。

延滞税の割合は、納付期限から２ヶ月までの期間は原則 7.3%、それ以降は原則 14.6%です。

ただし、延滞税の割合は、銀行の新規の短期貸出約定平均金利により変動します。

【延滞税の割合】

期間	納付期限から2ヶ月以内	納付期限から2ヶ月超
原則	7.3%	14.6%
2023年1/1～12/31	2.4%	8.7%
2022年1/1～12/31	2.4%	8.7%
2021年1/1～12/31	2.5%	8.8%

1,000万円の相続税を、納付期限から遅れて納税した場合の概算の延滞税は、下記のように計算します。

納付時期	計算過程
2ヶ月後に納税した場合	1000万円×2.4%×2月÷12月＝4万円
6ヶ月後に納税した場合	4万円＋1000万円×8.7%×4月÷12月＝33万円

◆申告期限切れやミスに注意

分割協議に手間取った、書類が調《ととの》わなかったなどの理由で申告期限に間に合わない場合は、故意でなかったとしても、加算税や延滞税などの罰則を課されることになります。申告や納税の遅れをそのままにせずに、すみやかに対処しましょう。

申告後に新たな財産が見つかった場合、当初申告した額より税額が増加します。財産が見つかった時点で、できるだけ早く修正申告を行うことが重要です。なお、この新たに見つかった財産についても遺産分割協議が必要です。修正申告や更正の請求は申告期限から5年以内に行います。

期限内に申告しなかった場合

申告の期限切れと無申告加算税

申告期限が過ぎても申告がない場合、税務署の独自調査によって相続税額が決められることがあり、これを「決定」といいます。この決定が行われると、「無申告加算税」が課され、納税額が増えることになります。

無申告加算税の税率

納付しなければならない税額が50万円までは15%、50万円を超える部分については20%、300万円を超える部分については30%相当の割合の金額が無申告加算税としてプラスされます。しかし、申告期限後でも税務署の調査前に自主的に申告すれば5%に軽減されます。また、期限内に申告する意思があったと認められる場合は課されません。

具体的には、申告期限後から2週間以内に申告書が提出され、期限内に納付が完了しているときです。

申告期限内に遺産分割が調わない場合

申告期限内に分割協議が終了していなくても、申告と納税を行わないと、税務署の決定により相続税のほか、無申告加算税や延滞税が課せられます。

遺産分割協議が申告期限までに調わない場合は、法定相続分に従って遺産を取得したものと仮定して、相続人全員による共有状態の申告に基づき、納税を済ませます。後日、分割協議が確定した場合は、実際に取得した財産に応じて、それぞれ、法定相続分より増えた人は修正申告書の提出、法定相続分より減った日とは更正の請求の手続きをして税額の過不足を精算します。

注意！

遺産が未分割のときの特例

遺産分割協議が終了していない場合は、「配偶者の税額軽減（P222参照）」や「小規模宅地等の減額特例（P236参照）」などの相続税の優遇特例を受けることができません。

しかし、原則として、申告期限から3年以内に遺産分割協議が終了すれば、更正の請求の手続きにより、特例を適用することができます。

そのためには、申告の際に、「申告期限後3年以内の分割見込書」を提出しておく必要があります。

申告期限から3年を経過しても未分割の場合は、「遺産が未分割であることについてのやむを得ない事情がある旨の承認申請書」の提出により、特例を受けられるケースもありますので、税理士に相談してみましょう。

財産を評価する

◆財産評価が相続税額を決める

　課税価格を計算する上で重要なポイントの１つが財産の評価です。相続税は課税対象の財産を評価して算出される課税価格の合計にかかるため、財産評価が高ければ税の負担は多く、低ければ少なくてすみます。

　財産の評価額は、財産を取得したときの「時価」によると相続税法で定められています。時価とは、多くの人の間で自由に取引を行った際に、通常取引が成立すると思われる価格のことです。相続財産では、被相続人から相続や遺贈で財産を取得した日、つまり被相続人が死亡した日の価格が時価ということになります。贈与の場合は贈与契約によって財産をもらった日の価格です。なお、これらの財産を取得した日を「課税時期」といいます。

　各種の財産を時価で評価するのは、かなりの専門知識が必要とされます。とくに不動産は権利関係や算出の方法が複雑なので、資産税専門の税理士などの力を借りるのが無難です（⇩Ｐ２３４～２４１）。

◆財産の種類で異なる評価方法

相続税の対象となる財産は、預貯金などの現金のほか、土地や建物、株式、美術品まで、金銭に見積もれるものすべてです。具体的な評価の方法は、国税庁の「財産評価基本通達」が、財産の特性に応じて一定の評価基準を示しています。財産評価は原則としてこの基準に基づいて行われます。

相続財産の中で、高額に評価される可能性のあるものは、リストを作って把握しておくとよいでしょう。具体的には、土地や家屋などの不動産、株式や公社債、預貯金などの金融資産、生命保険契約に関する権利、死亡退職金などがあります。

Tips 相続税基本通達と財産評価基本通達

相続税や贈与税についての基本的な法律は「相続税法」ですが、「相続税基本通達」と「財産評価基本通達」といった名前もよく耳にします。これらは国税長官が国税局や税務署に対して法律の解釈を示したものです。内容が具体的なので、参考にしてみるとよいでしょう。ともに国税庁のホームページで閲覧できます。

不動産・土地の評価

宅　地

市街地の宅地は路線価で評価する

「宅地」とは、自宅や事業のために利用されている建物の敷地のこと。市街地の宅地の評価は一般的に「路線価方式」で行われます。「路線価」とは道路ごとにつけられた値段で、1m^{2}あたりの価額で示されます。路線価は毎年国税庁から公表される「路線価図」で確認することができます。

路線価方式では、宅地が面している道路の路線価に土地の面積をかけて評価額を求めます。さらに宅地の形状や位置、道路との関係などに応じて、加算や減算の修正を行います。

路線価のない土地は倍率方式で評価する

地価の差の少ない郊外や農村部などには路線価がついていません。この場合は、その土地の「固定資産税評価額」に、国税局長が定める「評価倍率」をかけた金額で評価する「倍率方式」を用います。固定資産税評価額とは、市町村の税務課にある固定資産課税台帳に登録してある土地や建物の評価額のことです。相続税の申告のためには、税務課に固定資産税評価証明書を申請して、発行してもらうことが必要です。

Tips 国税庁のホームページを利用する

国税庁のホームページ「財産評価基準書路線価図・評価倍率表」を利用すれば、路線価図を閲覧することができます。下記のホームページを開き、「調べる年度」⇨「調べたい都道府県」⇨「路線価図」⇨「調べたい市区町村」⇨「町丁名」の順にクリックします。

財産評価基準書　路線価図・評価倍率表
https://www.rosenka.nta.go.jp/

※路線価図の見方はトップページの「路線価図等の閲覧の仕方」を参照。わからない場合は税務署に問い合わせましょう。

借地権

自宅の建物は親が建てたものでも、土地を借りて地代を払っているという場合、借り主に「借地権」があります。借地権とは、建物の所有を目的として土地を借りる権利で、財産としての価値があり、相続税や贈与税の対象となります。

相続税の評価額は、借地権の対象となっている土地が自用地（貸さずに自分で使用する）としての場合の評価額に「借地権割合」をかけて求めます。

■ **借地権の評価方法**

更地の評価額×借地権割合＝評価額

貸宅地

宅地を人に貸して地代をもらっている場合は、借りている人に借地権があり、地主が自由に土地を使えるわけではありません。このように宅地に第三者の権利がある土地を「貸宅地」といい、所有者の権利が制限されるため、自用地に比べて評価額は低くなります。借地権のある貸宅地の評価額は、自用地としての評価額から借地権割合の金額を差し引いて求めます。

■ **貸宅地の評価方法**

自用地としての価額−自用地としての価額×借地権割合＝評価額

貸家建付地

宅地に建物を建てて人に貸している場合、その土地を「貸家建付地」といいます。建物に第三者が住んでいるため所有者の利用が制限されるため、評価額が自用地よりも低くなります。評価方法は自用地の評価額から、借地権割合や借家権割合などを調整して求めます。

■ **貸家建付地の評価方法**

自用地としての価額×(1−借地権割合×借家権割合×賃貸割合※)＝評価額

※すべて賃貸している場合の賃貸割合は100%

小規模宅地等の減額特例

被相続人や被相続人と生計を一にしていた親族の住まいや、店舗などの事業に使われていた宅地は、それが生活に必要不可欠なもののため、宅地の評価額を減額する制度があります。これを「小規模宅地等の減額特例」といい、対象になる宅地には4種類あります。

対象となる宅地は、相続開始直前まで住まいや事業用に使用されているだけではなく、そこに建物や構築物が存在していなければなりません。

また、特例の適用を受けるためには、相続による取得者の確定が必要なため、相続税の申告期限までに特例の適用を受ける宅地の遺産分割をすませておく必要があります。

なお、限度面積を超えた場合は、特定居住用宅地は330m²までなら80%の減額ができますが、その面積を超える部分は一般の宅地と同じ評価額になります。

小規模宅地等の種類と減額の割合

特定居住用宅地（330m²）と特定事業用宅地（400m²）の両方を選択する場合は、合計730m²を適用できます。

宅地等の種類	限度面積	減額の割合
特定居住用宅地	330m²	80%
特定事業用宅地	400m²	80%
貸付事業用宅地	200m²	50%
特定同族会社事業用宅地※	400m²	80%

※不動産貸付事業をしている場合は、貸付事業用宅地と同じ

また、特定居住用宅地等と貸付事業用宅地等を併用する場合に、適用可能な限度面積は、下記の算式で計算します。

<例>

特定居住用宅地等として165㎡を適用した場合

貸付事業用宅地等に適用可能な面積

$$200\text{m}^2-165\text{m}^2\times\frac{200\text{m}^2}{330\text{m}^2}=100\text{m}^2$$

特定居住用宅地等

特定居住用宅地等とは、被相続人又は被相続人と生計を一にする親族が居住していた家屋の敷地で、その敷地の取得者の要件と居住要件と保有要件を満たす必要があります。

居住していた者	取得者	居住要件	保有要件
被相続人	配偶者	なし	なし
	同居親族	申告期限まで居住	申告期限まで保有
	家なき子※	なし	申告期限まで保有
生計一親族	生計一親族	申告期限まで居住	申告期限まで保有

「家なき子」とは、被相続人と別居していた下記の要件を全て満たす親族をいいます。

①被相続人に配偶者がいないこと
②相続開始の直前に同居していた法定相続人がいないこと
③日本国籍を有していること
④相続開始前3年以内に、取得者又はその配偶者、三親等内の親族などが所有している家屋に居住したことがないこと（被相続人の居住用家屋を除きます）
⑤取得者が居住している家屋を、取得者が所有していたことがないこと
⑥相続開始から申告期限まで、保有していること

【限度面積のイメージ（特定居住用の場合）】

10万円（1m^{2}あたり）×500m^2＝5000万円の宅地の場合

$$\Rightarrow\ 5000万円-5000万円\times\frac{330m^2}{500m^2}\times 80\%=2360万円$$

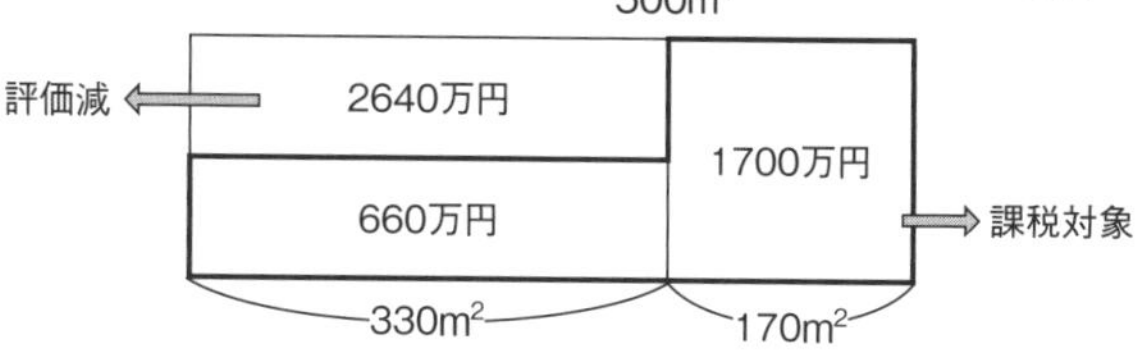

二世帯住宅の場合の注意点

被相続人の居住の用に供されていた家屋が二世帯住宅の場合、区分所有登記されていない場合と区分所有登記されている場合で、特例を適用できる範囲が異なります。

〈区分所有登記されていない場合〉

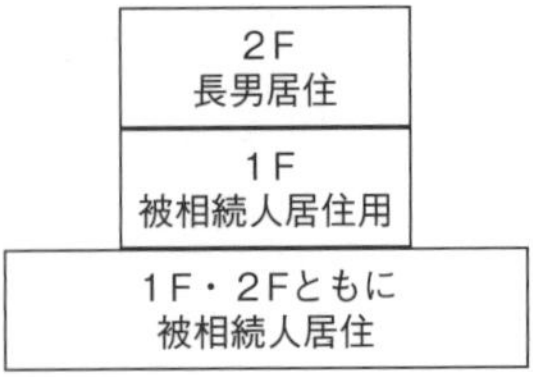

〈区分所有登記されている場合〉

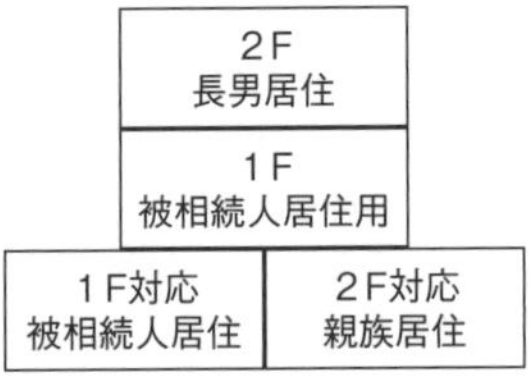

区分所有登記されていない場合は、配偶者又は同居親族である長男が取得すれば、敷地全体が特例の対象となります。

区分所有登記されている場合は、配偶者が取得したときは1Fに対応する敷地が特例の対象となり、長男が取得したときは、特例の対象となる敷地はありません。

● 特定事業用宅地等

特定事業用宅地等とは、被相続人又は被相続人と生計を一にする親族が事業で使用していた家屋の敷地で、その敷地の取得者の要件と居住要件と保有要件を満たす必要があります。

事業をしていた者	事業承継要件	事業継続要件	保有要件
被相続人	申告期限までに承継	申告期限まで継続	申告期限まで保有
生計一親族	―	申告期限まで継続	申告期限まで保有

なお、相続開始前3年以内に新たに事業の用に供した宅地等は、一的規模の事業を行っている場合に特例の適用が可能です。

● 特定同族会社事業用宅地等

特定同族会社事業用宅地等とは、特定同族会社の不動産貸付事業以外の事業に使用していた家屋等の敷地で、法人の要件、その敷地の取得者の要件と保有要件を満たす必要があります。

法人の要件	相続開始の直前に被相続人及びその親族が発行済株式総数の出資50%超所有していること
取得者の要件	相続税の申告期限でその法人の役員であること
保有要件	その敷地を申告期限まで保有していること

● **貸付事業用宅地等**

貸付事業用宅地等とは、被相続人又は被相続人と生計を一にする親族が不動産貸付事業で使用していた家屋等の敷地で、その敷地の取得者の要件と保有要件を満たす必要があります。

事業をしていた者	事業承継要件	事業継続要件	保有要件
被相続人	申告期限までに承継	申告期限まで継続	申告期限まで保有
生計一親族	—	申告期限まで継続	申告期限まで保有

なお、相続開始前３年以内に貸付事業の用に供した敷地は適用ありませんが、相続開始前３年を超えて事業的規模の貸付事業を継続している場合は、相続開始前３年以内に貸付事業の用に供した宅地等であっても、特例を適用することができます。

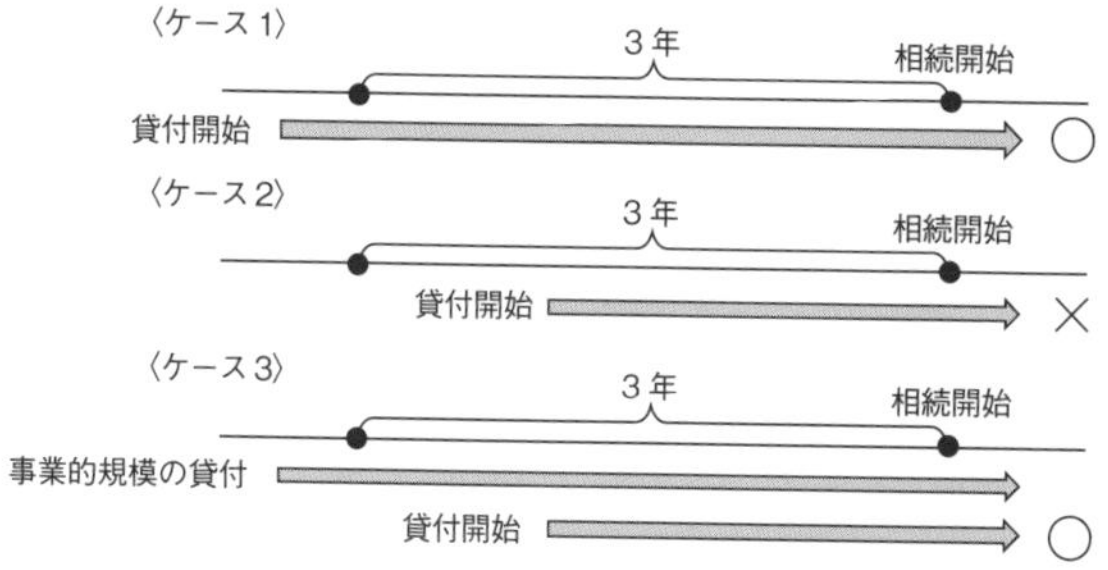

なお、事業的規模とは、戸建ての貸付けの場合は5棟以上、アパート等の貸室の貸付けの場合は10室以上の規模の貸付けをいいます。

金融資産の評価

株　式

株式の評価は大きく上場株式、非上場株式に分けることができます。

■ 株式の評価方法

● **上場株式**…株式が上場されている証券取引所の相続開始の日の終値、相続開始の月、その前月、その前々月の毎日の終値の平均の4つのうちで最低価格をとって評価額とします。

● **非上場株式**…会社の規模により、利益、配当、純資産を同業他社と比較して計算する方法や、相続税評価に洗い替えた純資産で計算する方法などがあります。評価方法が複雑なので、専門家に相談しましょう。

公社債

「公社債」は国や地方公共団体、企業などが資金調達のために発行する有価証券です。たとえば利付公社債の場合、相場のあるときは「課税時期の最終価格＋相続開始日までについた利息」、相場のないときは「発行価額＋相続開始日までについた利息」で評価します。

預貯金

普通預金や通常貯金、デジタル通貨は、預入残高が評価額です。定期預金や定期郵便貯金など貯蓄性の高い預貯金は、金融機関の預入額に「既経過利息（その時点で解約した場合に支払われる利息)」から源泉徴収額を差し引いた額を加えて評価します。

生命保険

被相続人が保険料を負担していて、相続人が死亡保険金を受け取った場合は相続税がかかります（P210参照)。

被相続人が契約をして保険料を負担し、配偶者や子どもを被保険者とした場合などは、相続時点で保険事故が発生していないため、「保険契約に関する権利」が相続財産です。評価は原則として相続開始日の解約返戻金の額になります。

その他の資産の評価

相続開始の時点で金銭的な価値のあるものについては、相続財産として申告する必要があります。

ゴルフ会員権

取引相場のあるゴルフ会員権は、課税時期の取引価格の70%に相当する金額によって評価。取引価格はインターネットの売買仲介業者のホームページなどで調べることができます。

美術品

売買価額および専門家による鑑定価額などを参考に評価します。

車

相続開始の日の時点で評価。中古車買い取り業者の査定価格や、年式、走行距離などを考慮して同じ車種の中古車販売価格などで評価します。

建物の評価

建物の評価は、固定資産税評価額× 1.0 倍です。

貸家については、その建物の固定資産税評価額から居住者の持つ「借家権割合」を差し引いて評価。借家権割合は 30%です。

Tips 相続税の申告もれで税務調査が入る

相続税の税務調査で指摘される申告もれで、もっとも多いのが預貯金です。税務署は家族名義の預金についても金融機関に照会をかけて内容を把握しています。

相続人の過去の所得から考えて不釣り合いに高額な預金がある場合、被相続人の財産として調査されやすくなります。また、それが申告されなかった贈与であれば、贈与税を納めなければなりません。

延納の手続きをする

◆一括納付できないときに選択

　相続税を申告期限までに納めないと、「延滞税」が発生します。そこで、相続税額が10万円を超え、なおかつ金銭で納めることができない事情があるときには、相続税を1年に1回ずつ元金均等に分割で納付する「延納」を選択できます。

　延納の期間は5年から最長20年の範囲で、相続税額の計算の基礎となった財産の価額に占める不動産の価額の割合によって決まり、その期間には利子がかかります。

延納が認められる要件

- 相続税額が 10 万円を超えている
- 納付期限までに現金での一括納付が困難
- 延納税額が 100 万円以上、かつ延納期間が 3 年超の場合は、担保を提供する。

　延納の担保は、延納申請者の固有財産や延納申請者以外の人の所有する財産でも担保提供は可能です。

　担保提供可能な財産…国債及び地方債、社債、土地など

- 相続税の納付期限までに延納申請書、担保提供関係の書類を税務署に提出する。

延納の利子税は、銀行の新規の短期貸出約定平均金利により変動し、令和 5 年はそれぞれ 3.6%→0.4%、5.4%→0.6%、6.0%→0.7%（特別基準割合）となります。

◆延納期間と利子税

延納期間と利子税は、相続財産に占める不動産の割合で決まります。

なお、延納の許可を受けたのち、延納を続けることができなくなった場合は、申告期限から10年以内に限り、延納から「特定物納」に変更することができます。

相続財産に占める不動産等の割合	区　分	延長期間（最高）	利子税（年割合）
75%以上	不動産などに対応する税額	20年	3.6%
	動産などに対応する税額	10年	5.4%
50%以上75%未満	不動産などに対応する税額	15年	3.6%
	動産などに対応する税額	10年	5.4%
50%未満	一般の財産に対応する税額	5年	6.0%

延納手続きの流れ

延納申請期限から3ヵ月以内

① 延納申請書の提出

延納申請期限までに、延納申請書に担保提供関係書類を添付して、税務署に提出する。担保提供関係書類を提出できない場合は、「担保提供関係書類提出期限延長届出書」を提出。1回につき3ヵ月まで、最長6ヵ月まで延長が可能。

② 延納の審査

延納申請に基づいて調査が行われる。

③ 許可または却下

税務署長により延納申請の許可または却下が行われる。審査期間は最長6ヵ月まで延長されることがある。

物納の手続きをする

◆相続財産で納める物納

相続税は現金で納めるのが原則ですが、相続財産の大半が不動産で収入もないというような場合は、金銭に代えて相続や遺贈で受け取った財産で納税することができます。これを「物納」といいます。

どんな財産でも物納できるわけではなく、対象となる財産には条件や順位があり、国内にあるものに限られます。なお土地や権利をめぐり係争中の土地などは「管理処分不適格財産」として物納は認められません。

物納が認められる要件

- 延納しても金銭で納められない事情があり、納められない金額を限度としている。
- 物納申請をする財産が国内にあり、次の優先順位であること
  - **第1順位**　国債、地方債、不動産、船舶、社債、株式、証券投資信託または貸付信託の受益証券
  - **第2順位**　非上場株式等
  - **第3順位**　動産
- 管理処分不適格財産でないこと。物納劣後財産に当たる場合は、ほかに適当な財産がないこと。
- 物納申請期限までに物納申請書と物納手続関係書類を提出すること。

◆申請は納期限までに行う

物納の申請を決めたら、相続税の納期限または納付すべき日（物納申請期限）までに、「物納申請書」に「物納手続関係書類」を添付して税務署に提出します。物納申請期限までに物納手続関係書類を提出できない場合は、「物納手続関係書類提出期限延長届出書」を提出することで、最長1年まで提出期限を延長できます。

物納の場合は物納財産を納付するまでの期間に応じて利子税がかかり、次のいずれか低いほうの割合（年単位）で適用します。①年7・3％、または②特例基準割合（令和5年1月1日～12月31日は年2・4％）。

物納申請の流れ

物納申請期限から3ヵ月以内

① **物納申請書の提出**

物納申請期限までに、物納申請書に物納手続関係書類を添付して税務署に提出。期限までに物納手続関係書類を提出できない場合は、物納手続関係書類提出期限延長届書を提出。1回につき3ヵ月まで、最長1年まで提出期限の延長が可能。

② **物納の審査**

物納申請に基づいて調査が行われる。

③ **許可または却下**

税務署長により物納申請の許可または却下が行われる。審査期間は最長9ヵ月まで延長されることがある。

④ **却下の場合**

1回だけほかの財産による再申請ができる。

修正申告や更正の請求をする

◆申告税額が少なかった場合

申告後に新たに財産が見つかった場合や、計算のミスで実際よりも少なく申告してしまった場合は、速やかに「修正申告書」を提出し、同時に不足分の税額を納めます。

修正申告書の提出期限はとくにありませんが、申告の間違いを放置しておくと、「税務調査」などにより指摘を受けることがあります。その場合は、「過少申告加算税」が課せられます。税務調査の前に自主的に修正を行えば、加算税はかかりません。

◆申告税額が多すぎた場合

相続税の申告後に、財産評価や計算に誤りがあり、税金を多く支払過ぎていたことがわかった場合は、税務署に「更正の請求書」を提出することができます。更正の請求書の提出は、申告期限から5年以内に行います。相続にかかる特殊事情により税金を払い過ぎた場合は、その事情が生じたことを知った日の翌日から4ヵ月以内に請求します。税務署によって、申告税額が多すぎたことが認められれば、支払い過ぎた税額分を還付してもらえます。

修正申告・更正の請求の手続きについて

当初の申告額＜正しい申告額の場合

● **理由**

- 新たに財産が見つかった
- 財産評価や計算、記入のミス

● **手続き**

- 修正申告書を提出し税額の追加分を納める
- 延滞税を納める

● **注意**

- 自主的に行ったもの以外は過少申告加算申告税がかかる
- 過少申告加算税は増加する税額に対して基本的に10%
- 過少申告加算税の例外として、増加する税額が当初申告した税額と50万円のいずれか多い金額を超える場合は15%（超えた税額の部分に5%）かかる
- 新たに財産が見つかった場合、相続税の総額は増えることになり、その財産をもらえなかった人も相続税を払わなければならなくなる

当初の申告額＞正しい申告額の場合

● **理由**

①財産評価や計算、記入のミス

②相続にかかる特殊事情（相続税での特例）

- 分割されていなかった遺産について遺産分割が行われた
- 認知や相続の放棄の取り消しなどで相続人に異動が生じた
- 遺留分の減殺請求に基づき返還または弁償するべき額が決定
- 遺贈にかかわる遺言書の発見、または遺贈の放棄があった
- 相続、遺贈、贈与によって取得した財産の権利の帰属についての訴えについて判決があった
- 民法910条（相続の開始後に認知された者の価額の支払い請求権）によって弁済する額が決まった
- 条件または期限付きの遺贈で、条件や期限が満たされた
- 相続財産法人にかかわる財産が被相続人の特別縁故者に分与された

● **手続き**

更正の請求書を提出

● **注意**

理由①の提出期限は相続税申告期限から5年以内

理由②の提出期限は、相続税申告期限から5年またはその事情を知った日の翌日から4ヵ月のいずれか遅い日（※小規模宅地等の減額特例を適用する場合は4ヵ月以内）

Column 6

生前の贈与と没後の相続、どちらが得？

● 相続税と贈与税の損益分岐点

暦年贈与課税制度（P216）を利用した。贈与が効率的かどうか、「相続税と贈与税の損益分岐点」を解説していきます。本人の財産を30億円と仮定すると、相続税は14.8億円となり、相続税の税率は約50%です。

《相続税》
財産額 → 30億円 ➡ 相続税 14.8億円（子2人の場合）
相続税負担割合 約50%

この人が、1000万円を子どもと孫に贈与した場合の贈与税を計算してみます。

《贈与税》
18歳以上の子・孫への贈与
贈与額 → 1000万円 ➡ 贈与税 177万円
贈与税負担割合 約18%

相続税の負担割合と贈与税の負担割合を比較すると、圧倒的に贈与税の負担の方が少なく済みます。

生前贈与加算（P212参照）の期間内に相続が発生した場合は、相続で財産を取得した人は、相続税の課税対象となってしまいますが、贈与税額控除（P223参照）を適用できるため、損得は発生しません。

本人から相続で財産を取得しなかった場合は、相続税の課税対象にはなりませんので、18%の税負担割合で財産を承継できます。

もし、110万円の基礎控除額の範囲での贈与を続けていたら、同じ効果を得るには10年はかかってしまいます。

極端な事例で説明しましたが、この考え方は、財産額の多寡に関係ありません。効率的な生前贈与をお勧めします。

第7章

空き家を相続した場合の対応方法

所有者不明土地問題

亡くなった人が所有していた不動産が、相続人にとって有用なものであれば、相続で引き継ぎ、名義変更していきます。

しかし、たとえば亡くなった人が地方の実家や近隣の山林、別荘地など、引き継ぐことがマイナスになってしまう負動産を所有していたとすると、相続手続きを放置して「所有者不明土地」や「管理不全土地」となってしまいます。

ここでは、そのような問題が発生しないように、遠く離れた実家の処分のしかたと、関連する税制の特例を確認していきます。

土地を処分する方法

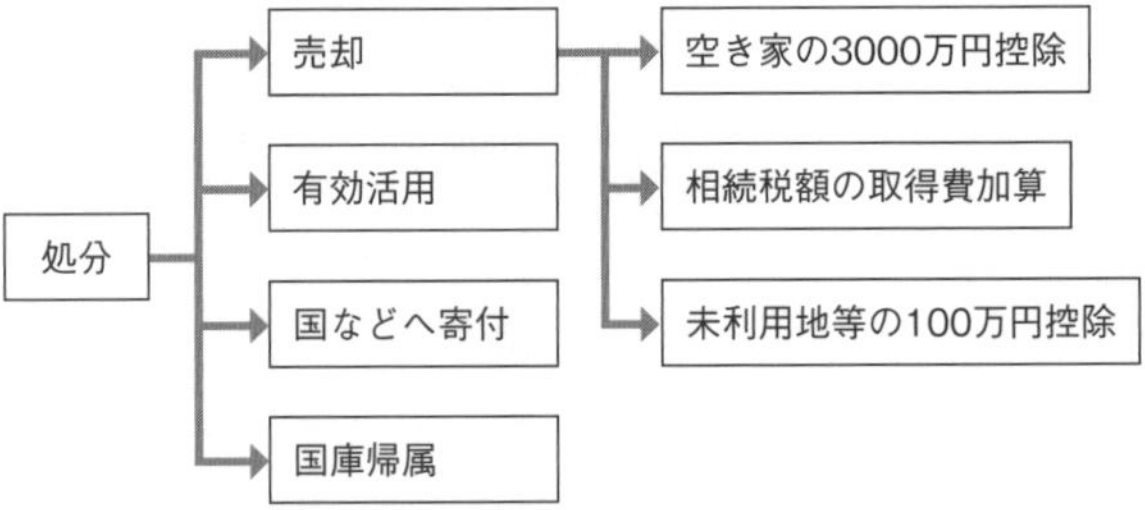

相続した空き家に関連する税制

相続した空き家の 3000 万円特別控除

相続した実家を、相続開始日の 3 年後の年末までに売却した場合に、適用できる可能性がある譲渡所得の特例に、「相続した空き家の 3000 万円特別控除」という特例があり、譲渡益から最大 3000 万円を控除できます。

この制度は被相続人が住んでいた自宅の耐震リフォームをするか、又は取り壊して売却した場合が前提となる特例です。

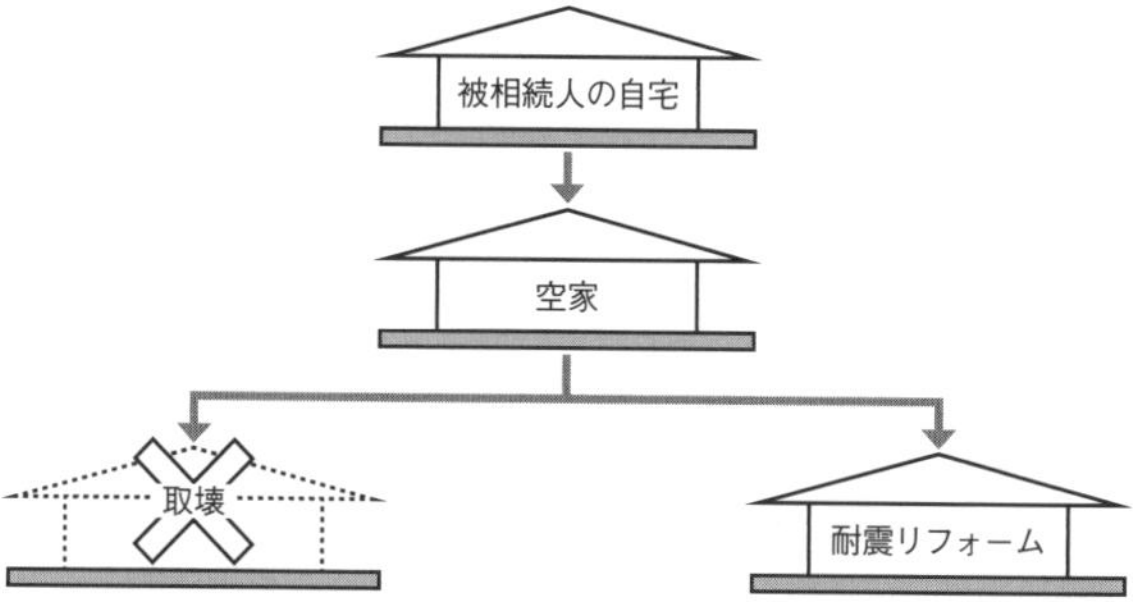

【特例の主な要件】

家屋の条件	売却の条件
・区分所有登記されていないこと。	・買主は第三者。
・建築日が昭和56年5月31日以前。	・売却金額は1億円以下。

相続税額の取得費加算の特例

相続（遺贈）によって取得した財産を譲渡した場合に、支払った相続税のうち、譲渡した資産に対応する相続税を、譲渡資産の取得費に加算して譲渡益を減らす制度です。

【算式】

譲渡収入－取得費－譲渡費用－相続税の取得費加算＝譲渡益

$$\text{譲渡した者の相続税額} \times \frac{\text{譲渡した財産の評価額}}{\text{譲渡した者の相続税の課税価格} + \text{譲渡した者の債務控除額}} = \text{取得費に加算する相続税}$$

この特例は、相続開始のあった日の翌日から相続税の申告期限の翌日以後３年を経過する日までに譲渡すると適用できます。なお、「相続した空き家の3000万円特別控除の特例」及び「相続税額の取得費加算の特例」は併用できないため、どちらか有利な特例を選択します。

低未利用土地等の100万円特別控除

「低未利用土地等の100万円特別控除」とは、1月1日時点で所有期間が５年を超える低未利用土地（空き地及び空き家・空き店舗のある土地）を譲渡した場合に、譲渡益から100万円を控除できる所得税の特例です。

低未利用地の条件

・1月1日時点で所有期間が5年超。
・低未利用地であること
・都市計画区域内にあること

売却の条件

・買主は第三者。
・売却金額は500万円以下（市街化区域等の場合は800万円）。
・買主はその土地を利用すること

空き家・空き地バンクへの登録

不動産取引の仲介業者に直接処分を依頼するほか、地方自治体が運営する「空き家・空き地バンク」に登録する方法があります。

この制度は、移住促進や地域活性化を目的として、空き地・空き家の所有者（売却又は賃貸を希望する人）から申し込みを受けた情報を収集・発信し、購入又は賃借を希望する人へと紹介していきます。

対象となる空き家・空き地が「所有者が個人に限定される」か、「法人も含まれる」か、又は「建物の用途を住宅に限定する」か、「店舗、事務所や併用住宅を含む」かなど、取り扱いについては各自治体によって異なるため、個別に確認が必要です。

空き家・空き地バンクのしくみ

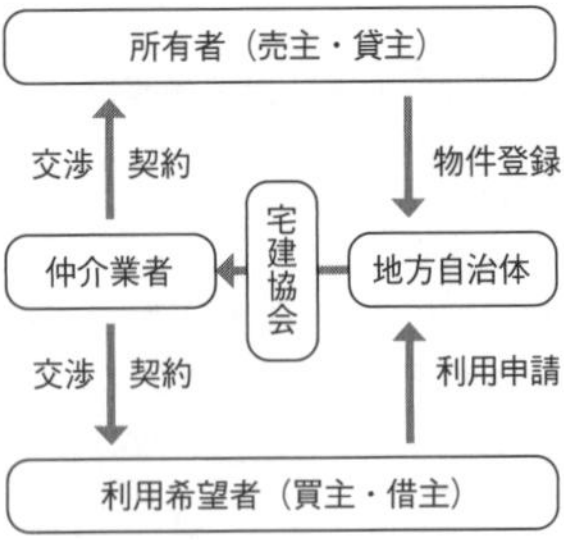

仲介業者を経由した不動産取引や空き家・空き地バンクなどを利用して土地を売却した場合、譲渡益が発生すれば、所得税を申告の上で所得税・住民税の納税が必要になります。

譲渡収入から取得費・譲渡費用を差し引いた譲渡益の計算上前記の「相続税額の取得費加算の特例」を活用します。

空き地の有効活用

空き地の活用方法は、立地条件や投下できるコストによって異なるため、50坪の空き地を前提として、それぞれの特徴を比較していきます。

・駐車場経営

土地を駐車場にする場合、砂利敷、アスファルト舗装、コンクリートブロック舗装など施工方法がいくつかありますが、いずれも初期費用を低く抑えられるメリットがあります。一方で収益性は低いため、ローリスク・ローリターンという特徴があります。

・コインパーキング経営

コインパーキングには「土地賃貸方式」と「管理委託方式」があります。土地賃貸方式は、設備は借主である事業者が設置するため、初期費用は発生しないメリットがあります。管理委託方式は、土地所有者が設備を設置して管理を事業者に委託する方法をいい、駐車場経営に比較し、精算機やフラップ板の設置など初期費用が高くなります。

・トランクルーム経営

屋外型のトランクルームは、アパート経営に向かない地域でも可能です。車で荷物を運搬するケースを考えると、マンションや戸建て住宅の多い住宅地の近くで、車の便の良い場所が想定されます。初期費用は駐車場よりも高いのですが、アパート経営ほどのコストはかからず、ミドルリスクです。

・太陽光発電経営

太陽光発電は、日当たりの良好な場所を前提としているため、地方の遊休地など人口の少ない場所であっても経営可能です。また、初期費用は比較的大きくなる傾向にありますが、安定収入を得られるメリットがあります。

・アパート経営

アパート経営は、空室リスクを低くすることが重要なため、たとえば駅周辺の人が多いエリア、交通の便の良いエリア、ファミリー層のための住環境の良いエリアが適しています。初期費用が大きくなるため、金融機関からの借入金で調達するケースが多くなりますが、金利上昇のリスクに注意が必要です。

事業内容	初期費用	表面利回り	特徴
駐車場	1～200万円	5～15%	ローリスク・ローリターン
コインパーキング	3～400万円	15～30%	商業エリア
トランクルーム	6～700万円	15～20%	周辺環境の影響を受けにくい
太陽光発電	1～1500万円	10%前後	日当たり重視、エリア無関係
アパート	4～5000万円	5～15%	住環境の良いエリア

※初期費用は比較のための目安

寄付の検討

空き家の処分の選択肢として、国や市区町村などの地方自治体、地元の町内会や自治会などの地縁団体へ寄付するという方法も検討できます。空き家などの不動産を国や市区町村などの地方自治体へ寄付した場合、寄付者には税金は発生しません。しかし、地元の町内会や自治会への寄付は、その団体が市町村の認可を受けているか否かにより、寄付者への税金が異なります。

認可を受けた地縁団体へ不動産を寄付した場合、寄付者が税務署へ非課税の申請をすれば、税金は発生しません。一方でその団体が市町村の認可を受けていない場合は、寄付者は時価でその不動産を譲渡したものとみなして、所得税・住民税が課税されます。

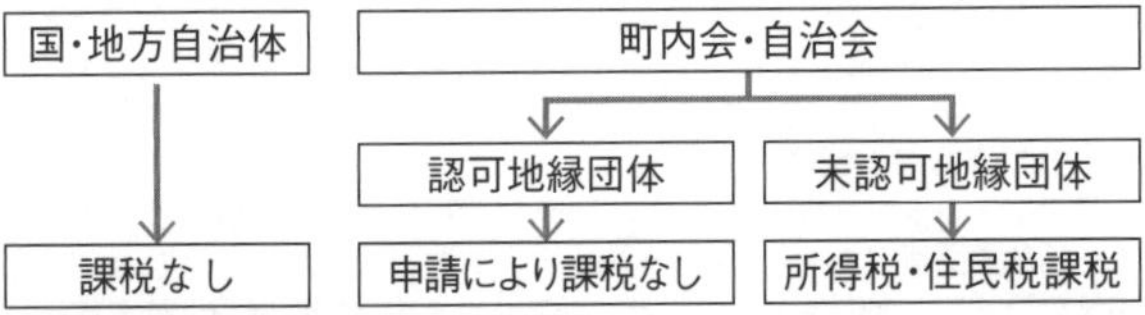

相続土地国庫帰属制度の活用

亡くなった人から不動産を相続した相続人は、相続土地国庫帰属制度を利用し、相続した土地を、その土地の所在地を管轄する法務局へ国庫帰属（国の財産として帰属する）の承認申請をすることができます。なお、承認申請の対象とならない土地や不承認となる土地は、下記のとおりです。

【承認申請の対象とならない土地】
○建物の存する土地
○担保権又は使用収益権の設定されている土地
○他人による使用が予定されている土地（通路、墓地、境内地、水道用地など）
○特定有害物により汚染されている土地
○境界が明らかでない土地
○所有権の存否、帰属又は範囲に争いのある土地など

【不承認となる土地】
○勾配が30度以上、高さが5m以上の崖を含む土地のうち、過分の費用又は労力を要するもの
○通常の管理・処分を阻害する工作物、樹木等の有体物が地上に存在する土地
○除去しなければ、通常の管理・処分ができない有体物が地下に存在する土地
○公道に通じない土地など

国庫帰属の承認を受けた場合の負担金

法務大臣の承認を受けた場合は、地目に応じて10年分の管理費相当の負担金を納付します。なお、宅地の場合の負担金は、下記の算式で計算します。

ア　原則　20万円
イ　例外　市街化区域又は用途地域が指定されている地域内の宅地ます。

面積区分	負担金額
面積≦50m^2	4,070円×面積＋208,000円
50m^2＜面積≦100m^2	2,720円×面積＋276,000円
100m^2＜面積≦200m^2	2,450円×面積＋303,000円
200m^2＜面積≦400m^2	2,250円×面積＋343,000円
400m^2＜面積≦800m^2	2,110円×面積＋399,000円
800m^2＜面積	2,010円×面積＋479,000円

空き家は固定資産税があがる

固定資産税は、課税標準額×1.4％、都市計画税は課税標準額×0.3％で計算します。ただし、住宅用地については、以下のように固定資産税の課税標準の特例措置が設けられているため、税負担が軽減されています。

区分	固定資産税	都市計画税
小規模住宅用地（住宅用地で住宅1戸につき200m^2まで）	評価額×1/6	評価額×1/3
一般住宅用地（上記以外）	評価額×1/3	評価額×2/3

しかし、「特定空き家」の認定と勧告を受けると、この住宅用地の特例措置の適用がなくなり、税負担が6倍に増加します。

次のような状態では「特定空き家」と認定されかねない

そのまま放置すると倒壊等著しく保安上危険となるおそれのある状態
そのまま放置すれば著しく衛生上有害となるおそれのある状態
適切な管理が行われていないことにより著しく景観を損なっている状態
その他周辺の生活環境の保全を図るために放置することが不適切である状態

[監修]

奥田周年（おくだ・ちかとし）

1965年生まれ。茨城県出身。1988年、東京都立大学経済学部卒業。1994年、OAG税理士法人（旧・太田細川会計事務所）入所。1996年、税理士登録。2018年、行政書士登録。現在、OAG税理士法人チーム相続のリーダーとして、資産承継のプランニングや相続を中心とした税務アドバイスを行う。主な著書に、『税理士のための所有者不明土地関連法』（日本法令）、『身近な人の遺産相続と手続き・届け出がきちんとわかる本』（日本文芸社）、『家族に頼らない　おひとりさまの終活 ～あなたの尊厳を託しませんか』（いずれもビジネス教育出版社）、監修に『身内が亡くなった時の手続きハンドブック』（日本文芸社）『親が認知症と思ったら　できる　できない　相続（暮らしとおかねVol.7）』（ビジネス教育出版社）など。

[監修協力]

田中晋平（たなか・しんぺい）

OAGグループ 西日本統括事業本部 部長。2008年 株式会社経理秘書（現 株式会社OAGアウトソーシング）相続支援事業部入社、2012年 OAG税理士法人大阪入社。これまで不動産相続案件、遺産整理案件に携わる。また、不動産会社、金融機関等に対する資産承継、相続対策を切り口にしたコンサルティング営業のサポートも行う。

●本文デザイン　鷹嘴麻衣子
●本文イラスト　カシバユカ、西田ヒロコ、西脇けい子、橋本千鶴
●本文DTP　ニシ工芸株式会社
●執筆協力　山田静江、伊藤京子、毛利江見子、川嶋菊枝、河野貴子、郷原美和子、馬養雅子、もりむつみ
●取材協力　高橋 進（NPO法人 葬儀を考えるNPO東京）、馬養雅子（オフィス・カノン）
●編集　株式会社KANADEL

★本書は、2017年11月に小社より刊行された『身内が亡くなった時の手続きハンドブック』の内容を更新し、新刊として再編集したものです。内容が重複している部分がありますので、ご購入にはご注意ください。

増《ぞう》補《ほ》改訂版《かいていばん》 身内《みうち》が亡《な》くなった時《とき》の手《て》続《つづ》きハンドブック

2023年6月10日　第1刷発行

監修者　奥田周年《おくだちかとし》
発行者　吉田芳史
印刷所・製本所　株式会社光邦
発行所　株式会社日本文芸社
〒100-0003　東京都千代田区一ツ橋1-1-1　パレスサイドビル8F
TEL 03-5224-6460（代表）
URL https://www.nihonbungeisha.co.jp/

Printed in Japan 112230524-112230524 Ⓝ 01　（290066）
ISBN 978-4-537-22111-4

内容に関するお問い合わせは、小社ウェブサイトお問い合わせフォームまでお願いします。
https://www.nihonbungeisha.co.jp/

（編集担当：西島）